中国珍贵典籍史话丛书

《文苑英华》史话

国家珍贵古籍名录·文苑英华

李致忠 ◆ 著

國家圖書館出版社

图书在版编目（CIP）数据

《文苑英华》史话 / 李致忠著. -- 北京：
国家图书馆出版社, 2014.9
（中国珍贵典籍史话丛书）
ISBN 978-7-5013-5273-9

Ⅰ.①文…　Ⅱ.①李…　Ⅲ.①《文苑英华》—编辑工作—
研究　Ⅳ.①G232

中国版本图书馆CIP数据核字（2013）第301509号

书　　名	《文苑英华》史话
著　　者	李致忠　著
责任编辑	景　晶　初小荣
出　　版	国家图书馆出版社（100034 北京市西城区文津街7号） （原书目文献出版社 北京图书馆出版社）
发　　行	010-66114536　66126153　66151313　66175620 66121706（传真）　66126156（门市部）
E-mail	btsfxb@nlc.gov.cn（邮购）
Website	www.nlcpress.com→投稿中心
经　　销	新华书店
印　　装	北京联兴盛业印刷股份有限公司
版　　次	2014年9月第1版　2014年9月第1次印刷
开　　本	787×1092毫米　1/16
印　　张	9.75
字　　数	105千字
印　　数	1—2000册
书　　号	ISBN 978-7-5013-5273-9
定　　价	52.00元

《中国珍贵典籍史话丛书》顾问

《中国珍贵典籍史话丛书》序

　　书籍是记载人类文明发展历程的重要载体，是传播知识和保存文化的重要途径，它蕴藏着丰富的历史文化内涵，是人们汲取精神营养和历史经验的重要来源，在民族兴衰和文化精神的传承维系中，发挥着不可替代的作用。

　　《尚书·多士》云："惟殷先人，有册有典。"在中华民族数千年的岁月里，人们创造出浩如烟海的典籍文献。这些典籍是中华文明的结晶，是民族生存的基石和前进的阶梯。作为人类发展史上最有价值的文化遗产之一，中国古代典籍是构成世界上唯一绵延数千年未曾中断的独特文化体系的主要成分。

　　然而，在漫长又剧烈变动的历史中，经过无数次的兵燹水火、虫啮鼠咬、焚籍毁版、千里播迁，留存于世间的典籍已百不遗一。幸运的是，我们这个民族具有一种卓尔不群的品质：即对于文化以及承载它的典籍的铭心之爱。在战乱颠沛的路途上，异族入侵的烽火里，政治高压的禁令下，史无前例的浩劫中……无数的有识之士，竭尽他们的财力、智慧乃至生命，使我们民族的珍贵典籍得以代代相传，传承至今。这些凝聚着前人心血的民族瑰宝，大都具有深远的学术影响、独特的艺术魅力和突出的文物价值，是今天人们了解和学习我国优秀传统文化的宝贵实物资料。它们记载着中华民族的辉煌历史和灿烂文化，诉说着中华民族的百折不挠、临危不惧的民族精神，是先辈留给我们的宝贵精神财富。

新中国成立以来，党和国家高度重视典籍文献的保护工作。2007年启动实施的"中华古籍保护计划"，由国家古籍保护中心（国家图书馆）负责实施，成效显著，在社会上产生了极大的反响。迄今为止，已由国务院陆续公布了四批《国家珍贵古籍名录》，收录了全国各类型藏书机构和个人收藏的珍贵古籍11375部，并拨付专项资金加以保护。可以说，这是一项前所未有的伟大事业。

尽管我国存世的各种典籍堪称汗牛充栋，但为典籍写史的著作却少之又少，许多典籍所蕴含的历史故事鲜为人知，如果不能及时加以记录、整理，随着时代的变迁，它们难免将逐渐湮没在历史长河中，成为中华文明传承中的一大憾事。为此，2012年底，国家图书馆启动了"中国珍贵典籍史话丛书"项目，旨在"为书立史""为书修史""为书存史"。项目由"中华古籍保护计划"支持立项，采取"史话"的形式，选择《国家珍贵古籍名录》中收录的蕴含着丰富历史故事的珍贵典籍，用通俗的语言讲述其在编纂、抄刻、流传、收藏过程中产生的引人入胜、启迪后人的故事，揭示其与当时的政治、经济、文化和社会发展的密切关系，力图反映中国书籍历史的辉煌与灾厄、欢欣与痛楚。通过生动、多样、丰满的典籍历史画面，使人们更深入地了解和认识典籍，领略典籍的人文精神和艺术魅力，感受中华文化的深厚底蕴。

中华优秀传统文化是我们最深厚的文化软实力。"中国珍贵典籍史话丛书"是以人们喜闻乐见的方式弘扬中华民族博大精深的灿烂文化，使书写在古籍里的文字活起来的一次有益尝试。丛书力求为社会公众提供普及读物，为广大文史爱好者和从业人员提供学习资料，为专家学者提供研究参考。其编纂主要遵循两个原则：一是遵循客观，切近史实。本丛书是关于典籍的信史、正史，而非戏说、演义。因此，每一种史话都是作者钩沉索隐、多方考证的结果，力求言之有据，资料准确，史实确凿，观点审慎；二是通俗生动，图文并茂。本丛书旨在让更多的人了解和热爱中华典籍，通过典籍深入理解中华文化。相对于一般学术著作，它更强调通俗性和生动性，以史话的方式再现典籍历史，雅俗共赏，少长咸宜。

我们真切的希望，通过这套丛书，生动再现典籍的历史，使珍贵典籍从深闺中走出来，进入公众的视野，走进每位爱书人心中，教育和启迪世人，推动"关爱书籍，热爱阅读"的社会风气的形成，让承载着中华文明的典籍在每个人心中长留悠远的书香，为提升全民族文化素养、推动传统文化与时代精神的融合发展做出积极贡献。

"中国珍贵典籍史话丛书"项目自启动以来，得到了社会各界的广泛关注和专家学者的大力支持。一批有较高学术造诣的专家学者直接参与了丛书的策划和撰稿工作，并对丛书的编纂工作积极建言献策，给予指导。借此机会，深表感谢。以史话的形式为书写史，尚属尝试，难免有疏漏、不妥之处，敬请专家学者批评指正，也欢迎广大读者提出宝贵意见和建议。

韩永进

2014年春于北京

目　　录

小 引

　　《文苑英华》是太平兴国年间所修三大书之一。"太平兴国"是北宋太宗赵炅（初名赵匡义，后赐名光义，即皇帝位后改名炅）用的第一个年号，从公元976至984年，一共八年。八年中连续下诏纂修《太平御览》一千卷、《太平广记》五百卷、《文苑英华》一千卷三部大书，故称为"太平兴国三大书"。《文苑英华》乃是三部大书之一。

　　《文苑英华》是继南朝梁昭明太子萧统所编《文选》之后的又一部大型通代文学总集。《文选》选文起自先秦，迄于南朝梁初；《文苑英华》选文则起自魏晋，迄于唐末五代，中间与《文选》在选文时间上有一段重叠，但录文并不完全相同，所以对《文选》来说，《文苑英华》仍不失为承前启后、继往开来的大制作。但由于《文苑英华》选文的历史跨度过大，任事诸臣又各有短长，在标准制定与取舍尺度的掌握上不尽统一，加之太宗"右文"政策的急需，仓促上马，急于求成，致使书成之后虽然也受到了皇帝的嘉奖，但因存在的问题较多而不得不一次又一次地校改，前后历经217年，最后才在南宋嘉泰四年（1204）由致仕宰相周必大在江西筠州临江军主持校刻行世。时至今日，又过了800多年，此书宋刻本留存于世者，只有15册150卷，中间尚有缺叶，不及全书的15%。而这15册仅存之书又历经坎坷，几度辗转才传至今天，且衍生出许多有趣的收藏故事。

第一章 《文苑英华》纂修的时代

《文苑英华》同《太平御览》《太平广记》都纂修于北宋太宗太平兴国年间，它们有着基本相同的时代背景和纂修动因。

第一节 《文苑英华》纂修的政治背景

公元960年农历大年初一，五代后周幼主柴宗训正在首都开封与文武百官共庆佳节，一道北汉勾结契丹人南侵河北镇、定二州的军情折子火速传入宫中，群臣听后慌做一团，小皇帝急忙征得宰相范质、王溥意见后，立即下令时任禁军司令兼宋州归德军节度使的赵匡胤率兵前往迎敌。正月初二傍晚，大军行至开封东北几十里的陈桥驿安营扎寨，赵匡胤酒足饭饱后，一夜安睡。第二天一大早，听得外面一片嘈杂，有人高声喊叫"请点检做皇帝"（当时的禁军司令称为殿前都点检）！赵匡胤听后赶快起床，还没来得及说话，几个人已把一件黄袍披在了他的身上，并且跪伏在地高呼万岁。这就是"陈桥兵变，黄袍加身"的历史故事。

赵匡胤一夜之间黄袍加身，南面称君，自是无限欢喜。但内心却深知部下之所以拥戴自己当皇帝，是因为自己手中握有重兵、精兵，当皇帝之后可能会为他们带来荣华富贵。同时也更加担心那些拥兵自重的军人不定哪一天也效仿自己的做法，先南面称君，再逼宫逊位。所以坐天下之后首先着重考虑要解决的有两个问题：一是如何重建中央集权的专制统治，使唐末以来长期存在的"君弱臣强""藩镇跋扈"的现象不再重演；二是如何使赵宋王朝能够长治久安，不再成为五代之后的第六个短命王朝。带着这两个问题他询问当时的谋士赵普，赵普则答曰："此非他故，方镇太重（藩镇又称方镇），君弱臣强而已。今所以治之，亦无他奇巧，惟稍夺其权，制其钱谷，收其精兵，则天下自安矣。"（李焘《续资治通鉴长编》卷二）赵匡胤认为赵普说的有道理，因而首先削弱军人权力，同时构建文官制度，逐步形成"崇文抑武"的基本国策。

一、"杯酒释兵权"

赵匡胤"杯酒释兵权"是很多人耳熟能详的历史故事。赵普提出上述建议之后，还建议赵匡胤将自己的老同事且仍掌握禁卫权力的石守信、王审琦等调离禁军，改任他职。赵匡胤一时不解，并说他们不会背叛自己。赵普则说他们多数人都缺乏统驭下属的能力，若是不能制约下属，军中万一出现作孽之人，他可也就只好由他们摆布了。赵匡胤这才恍然大悟，于是设宴款待石守信等旧部。酒

宋太祖赵匡胤

过数巡，赵匡胤屏退左右，对石守信等说：若不是你们鼎力相拥，我也做不了这个皇帝，你们的拥戴之功，我永远不会忘记。但做了天子也很艰难，不如当节度使快乐，我终日枕不安席，食不知味。石守信等听后忙问这是为什么，赵匡胤则说这并不难懂，皇帝这样的位置谁不想争？石守信这才明白赵匡胤的用意，便伏首在地说，现在天命已定，江山已归赵宋，陛下还有什么担忧而出此言。赵匡胤说不然，你们本人虽无异心，但你们的手下若有人想要富贵也将黄袍加在你们身上，你们尽管不想当皇帝也来不及了。于是石守信、王审琦等皆顿首哭诉：臣等愚钝，没想到这一步，望陛下哀怜为我们指出一条生路。赵匡胤则乘机对他们说：人生如白驹过隙那么快，想富贵之人，无非是要多积金钱，享受荣华，并使子孙无贫困之忧。你们何不放下手中的兵权，出守大藩，置办良田豪宅，为子孙留下永远不动的资产；多选些声歌舞女，饮酒相欢，以终天年；我且与你们约为婚姻，使君臣之间两无猜疑，上下相安，天下太平。石守信等皆叩首拜谢，翌日便称病不来上朝，请求罢免兵权。这就是历史上赵匡胤"杯酒释兵权"的故事。赵匡胤没有采取"飞鸟尽，良弓藏；狡兔死，走狗烹"（《史记集解》卷四十一《越王勾践世家》）之天下定、杀功臣的暴力做法，而是用示警劝说的办法，将原五代后周禁军高级将领手中的兵权夺了过来。

二、分治精锐禁军

赵匡胤使禁军高层将领放下兵权之后，并未彻底放心。他本人做皇帝之前，是五代后周的殿前都点检兼宋州归德军节度使。殿前都点检就是禁军司令，其时禁军的指挥与调遣大权，统归殿前都点检一人操控。待他做了皇帝之后，便觉得殿前都点检军权过重，若不改制，会直接威胁到他的皇权稳固。于是着手将五代以来统由殿前都点检指挥和调遣禁军的旧制，改由殿前都指挥使、侍卫军都指挥使、步军都指挥使三帅分别统辖，以使他们各自所掌的兵权有限，并相互牵制。同时规定三帅又只能在平日对禁军施行管理和训练，而没有调遣权。调遣权归枢密院领属，而枢密院的枢密使则由文人而知兵者担任，并由皇帝直接指挥，这就将禁军的指挥与调遣大权完全操控在皇帝一人手里了，这样一来不但大大减轻了来自禁军的潜在威胁，更加强了中央集权的专制统治。

三、以儒臣分治大藩

为了纠正府兵制的弊端，自唐代中叶起，一直到五代，军事上推行的都是藩镇（也称方镇）制。藩镇领属地区的军、政、财、文、法等大权，都掌握在各镇的节度使手里，形成了实际上的独立王国，这些独立王国不但与中央分庭抗礼，割据称雄，还时时犯上作乱，祸国殃民。唐朝的最后覆灭，就亡在了藩镇手里。五代在半个世纪中政权频繁更迭，形成了梁、唐、晋、汉、周五个短命王朝，其原因也是藩镇在作祟。可见这种军事制度给国家、社会以及黎民百姓带来了多么深重的灾难！赵匡胤做皇帝之前，不但是后周的禁军司令，还身兼宋州（今河南商丘）归德军节度使，深知藩镇拥兵自重的危害。所以他做了皇帝之后，便要大力削藩。赵匡胤曾对赵普说："五代方镇残虐，民受其祸。朕今选儒臣干事者百余，分治大藩，纵皆贪浊，亦未及武臣一人也。"（李焘《续资治通鉴长编》卷十三）因而广用文人以替代武人。宋人蔡襄曾说："今世用人，大率以文词进。大臣，文士也；近侍之臣，文士也；钱谷之司，文士也；边防大帅，文士也；天下转运使，文士也；知州郡，文士也。虽有武臣，盖仅有也。"（蔡襄《端明集》卷二十二）蔡襄所描述的这种用人状况，反映出赵匡胤以儒臣分治大藩的谋划已逐步变成了现实。这几项措施采取之后，长期以来，特别是五代以来军人称雄、藩镇割据、"君弱臣强"的政治局面大为改观，宋代"崇文抑武"的基本国策初步确立。

第二节　《文苑英华》纂修的文化背景

"文化"乃是以"文"化成一个国家、一个民族、一个社会的公序良俗，从而维系一个国家、一个民族、一个社会的生存与发展。原因是"文化"能内化为人的精神，外化为人的行为。当某种精神成为凝聚社会人们的有力纽带时，就会变成这个社会人们统一步调的自觉行动。精神高尚，人们会自觉遵守公序良俗，社会就会安宁、和谐、发展；精神低劣，人们就会突破公序良俗的道德底线，进而违法乱纪，乃至犯上作乱，社会就不得安宁，甚至发生动乱。中国封建社会的帝王将相，深知"武可戡祸，文致太平"的文武之道，并且运用得得心应手，所以能延续两千多年。北宋立国之后之所以着力实施"崇文抑武"的基本国策，从宏观上讲，就是要"以文化成天下"，从而使赵宋王朝长治久安。

一、尊儒重教

宋太祖即位不久，即颁布诏书，修葺祠宇，塑绘先儒画像，并亲自撰写对孔子等儒家先圣的颂赞之词，对以孔子为首的儒家表现出深深的敬重。赵普还曾经对宋太宗赵炅说过："臣有《论语》一部，以半部佐太祖定天下，以半部佐陛下致太平"（明何乔新《椒邱文集》卷四）。可见他们已将儒家思想确立为官方哲学，成为宋代治国理政的思想武器。

与此同时，北宋政府还很快设立国家最高学府——国子监，收七品以上官员子弟入学。开宝八年（975）又进一步扩大入学范围，允许更低级官员子弟入学，并允许准备应举的寒素子弟入监听读。同时扶植书院教育，将民间教育也纳入政府尊儒重教的思想体系。

宋太宗曾说："丧乱以来，经籍散失，周孔之教将坠于地，朕即位之后多方收拾，抄写购募，今方及数万卷，千古治乱之道并在其中矣。"（《麟台故事》卷一）显示出他们"尊儒重教"的目的，是要在周孔之教中理出"千古治乱之道"。

二、勒石三诫

建隆三年（962），即赵匡胤做皇帝的第三年，曾经秘密镌刻一碑，立于太庙寝殿的夹室，叫做"誓碑"。平日，用销金黄幔帐覆盖遮蔽，门则紧锁。并敕令有关部门：日后时祭及新天子即位，谒太庙行礼之后，礼官要奏请恭读誓碑之词，并规定新皇帝升阶入殿时，只许一位不识字的小太监随从，其余文武百官则远远站立庭中。小太监验封开锁，进殿焚香明烛，揭开幔帐回头就走，不能仰视。然后皇帝上前拜读，默记，再拜而出。群臣及近侍由于站得较远，谁也不知道誓碑的内容。直到金人破汴，打进宫中，四处抢掠，此碑内容才为人所知。其实誓词只有三条：一是说后周柴氏子孙有罪，不得加刑。纵使犯了谋逆造反之罪，也只是赐死在狱中，不得押解市曹行刑，不得连坐支属。二是说不得杀文人士大夫及上书言事之人。三是说赵氏子孙有不守此誓而妄为者，天当灭之。（详见明陆楫《古今说海》卷一百二十五）这就是宋太祖"勒石三诫"的故事。三诫中特立一条，不杀士大夫及上书言事之人，极大限度地保护了文人士大夫，使文人士子为了国家和民族利益敢于上书言事，说错了也不能杀戮。如此，则言路畅通，国家可坐收济困扶危之计。这一条将宋代"崇文抑武"的基本国策表现得淋漓尽致。

三、完善科举制度

科举选官制度，始于隋，行于唐，至北宋，不但继续施行，并打破门阀制度，只要文章合格，不论门第高低，出身贵贱，均可录用。

1. 完善制度，革除弊端，使考试录取更趋公正平等。

宋太祖时，宋白受命主持科考。由于接受别人金银贿赂，在取舍录用上颇有不公。他怕张榜之后引起群情激愤，生出事端，便预先将拟录取名单呈报皇帝，企图借皇帝威名达到自己的目的。不料却遭到皇帝怒斥："吾委汝知举，取舍汝当自决，何为白我！我安能知其可否。若榜出别致人言，当斫汝头以谢众。"宋白"大惧而悉改其榜，使协公议而出之"（司马光《涑水记闻》卷一）。

2. 为拔擢俊彦，实行复试制度。乾德六年（968），受命主持科考的官员是王祐，考中进士者只有十人，而陶谷之子陶邴居然名列第六，所以第二天陶谷便进宫致谢。赵匡胤知道后，就对左右近臣说："'闻谷不能训子，邴安得登第？'遂命中书复试，而邴复登第。因下诏曰：'造士之选，匪树私恩，世禄之家，宜敦素业，如闻党与，颇容窃吹，文衡公器，岂宜斯滥！自今举人，凡关食禄之家，委礼部具析以闻，当令复试'。"

（李焘《续资治通鉴长编》卷九）陶谷同赵匡胤一样，都是五代旧臣。为赵匡胤黄袍加身，谷曾预拟后周恭帝禅位书。入宋后，参与高层决策，并提出赵宋"先南后北，先易后难"统一天下的方针大计。累官翰林学士承旨、礼部上书，是位炙手可热的高官。其弱点是不善教子，所以赵匡胤听说他儿子陶邴在登榜的十名进士中居然名列第六，便怀疑官官相护，故下诏复试。复试之后，陶邴仍然登第。所以才规定"食禄之家"的子弟，礼部要具名上报，应当予以复试。

3．防止利用科考结党营私。封建社会的科举制度，很讲师门。旧制，主考官要到贡院、台阁听取近臣对进士的推荐，号称"公荐"。赵匡胤担心此制因缘挟私，弃取不公，于建隆元年（960）下诏凡"及第举人，不得呼知举官为恩门、师门及自称门生"（李焘《续资治通鉴长编》卷三）。防止以此结党营私。

4．广开科举之门，使人人皆有进取之心。为避免科考落第，怀才不遇，心存不满，甚至发生动乱，开宝二年（969）三月，宋太祖赵匡胤诏礼部检阅贡士中凡"十五举以上曾经终场者，具名以闻"。根据报来贡士司马浦等106人的情况，下诏曰这些人"困顿风尘，潦倒场屋，学固不精，业亦难专，非有特恩，终成遐弃，宜各赐本科出身"（宋王栐《燕翼诒谋录》卷一）。此乃宋代进士中有"特奏名"进士之始。自此凡"士之潦倒不第者，皆觊觎一官，老死不止"。"太宗即位，思振淹滞，谓侍臣曰：'朕欲博求俊彦于科场中，非敢望拔十得五，止得一二，亦可为致治之具矣'。太平兴国二年（977），御殿复试……命李昉、扈蒙第其优劣为三等，得吕蒙正以下一百九人。越二日，复试诸科，得二百人，并赐及第。又阅贡籍，得十举以上至十五举进士、诸科一百八十余人，并赐出身。九经七人补中格，亦怜其老，特赐同三传出身。藩五百余人，皆赐袍笏，赐宴开宝寺"（《宋史》卷一百五十五《选举志一》）。

至真宗景德二年（1005），又进一步放松条件，"赐特奏名五举以上本科六十四人，三传十八人，同学究二十二人，三礼四十四人，年老授将作监主簿三十一人"（宋王栐《燕翼诒谋录》卷一）。

宋代这种科举制度的完善与改变，大大刺激了社会各阶层读书应考，考取做官，做官富贵的热情，营造出全社会倾心文章，潜心学术，崇尚文化的浓重气氛。宋代太平兴国年间连续诏修三大书，正是这种气氛的必然产物。

文武之道，一张一弛。宋初几位皇帝之所以不遗余力地推行"崇文抑武"的基本国策，一方面是他们深知并亲历了军人称雄、藩镇割据给国家造成的祸乱，给黎民百姓带来的灾难；另一方面，他们自身的文化素养较高，懂得文武之道一张一弛的辩证关系。宋太宗曾读兵法之书《阴符经》，认为其中多是诡诈奇巧，不足以训善，乃奸雄之志。至于论及老子所谓"兵者，不祥之器，圣人不得已而用之"，则说"王者虽以武功克敌，终须以文德致治"（李攸《宋朝事实》卷三《圣学》）。意谓武可戡乱，文致太平。所以他退朝观书，下诏修书，都是要从中"酌先王成败"之道而行之。进一步将"崇文抑武"的基本国策植根于文武之道的深奥哲理中。

第二章 《文苑英华》的纂修

"太平兴国三大书"的纂修，除有上述共同的大背景之外，各自也还有不尽相同的具体纂修动因。

第一节 《文苑英华》纂修的具体原因

一、纂修动因

南宋周必大《周益文忠公集》中收有他的《平园序稿》，《平园序稿》卷十五收有他为校刻《文苑英华》所写的序文。序文中说："臣伏睹太宗皇帝丁时太平，以文化成天下。既得诸国图籍，聚名士于朝，诏修三大书。"这几句话中一是说宋初经过南征北战，到太宗时国家暂时得到了太平，这是修书必要的社会条件。二是说宋太宗要"以文化成天下"，也就是说要以"文德"教化全民，使成文明盛世。出于这样的考虑，修书当然是重要的举措之一。有了书，不但皇帝可以从中斟酌国家古今成败得失之道，朝野群臣等封建士大夫也可从中学到治国安邦的良策。

南宋王明清《挥麈后录》卷一说："太平兴国中，诸降王死，其旧臣或宣怨言，太宗尽收用之，置之馆阁，使修群书，如《册府元龟》（当为《太平御览》之误）《文苑英华》《太平广记》之类，广其卷帙，厚其廪禄，赡给以役其心，多卒老于文字之间。"这虽然是在指斥宋太宗用权谋之术笼络五代旧臣和知识分子，但赵宋"先坐天下，后打江山"的方式，五代旧臣内心不见得没有想法。诏修大书，广用旧臣文士，从而消弭他们的逆反心理，也是封建统治者惯用的手法，无须多所指责，但这仍然只是三部大书纂修的共同动因。

具体到某一部书的修撰，则各有各的缘起。宋太宗赵炅是位笃好儒学的皇帝，曾读前代所修《修文殿御览》《艺文类聚》等书，觉得这些书"门目繁杂，失其伦次，乃诏翰林学士李昉、扈蒙，知制诰李穆，右拾遗宋白等参详类次，分定门目，编为《太平总类》一千卷，俄改为《太平御览》"（宋李攸《宋朝事实》卷三）。这是《太平御览》诏修的具体缘由。

小说家，是先秦九流十家之一。《汉书·艺文志》小说家类序说："小说家者流，盖出于稗官。街谈巷语、道听途说者造也。孔子曰：'虽小道，必有可观者焉。'"宋太宗尊孔崇儒，对小说家者言，亦谓"稗官之说，或有可采，令取野史、传记、故事、小说，编为五百卷，赐名《太平广记》"（出处同上）。这是《太平广记》诏修的具体缘由。

集部之书，发端于《汉书·艺文志》的"诗赋略"，到南朝梁人阮孝绪作《七录》书目时，已设有"文集录"。"文集录"之下开列有"楚辞部""别集部""总集部"三类，表明在《七录》成书之前，个人"别集"、多人"总集"之书已经产生。至唐初编写《隋书·经籍志》时，"集部"被正式确立为经、史、子、集四部之一。并谓"别集之名，盖汉东京所创也"。意思是说"别集"之称，东汉时已经有了。至南朝齐、梁间，张融有自编《玉海集》，江淹则区分部帙，将自己的文章编成前集和后集，梁武帝则有诗赋集、文集和别集，梁元帝有集和小集，谢朓有集和逸集，王筠则以官名集，一官一集。面对众多个人别集的出现，阮孝绪编制《七录》这部目录著作时才设置了"别集部"，以著录这些已经流行于世的别集。

东汉建安（196—219）以降，辞赋转繁，个人别集也越来越多，人们已经感觉到读不过来，于是有晋代挚虞"采括孔翠，芟剪繁芜，自诗赋以下各为条贯，合而编之，谓为《流别》"（《隋书·经籍志》总集类序）。所以《文章流别》也就成为中国最早的"总集"。

又经过700多年的发展，到北宋初年，别集、总集的数量已十分可观。周必大在《纂修文苑英华事始》中引证李焘《续资治通鉴长编》的话说："太宗以诸家文集其数实繁，虽各擅所长，亦榛芜相间，乃命翰林学士宋白等精加铨择，以类编次，为《文苑英华》一千卷。"这是《文苑英华》编纂的具体缘由。

还是在这篇文章中，周必大又引证《三朝国史艺文志注》说："太平兴国七年（982）九月，诏翰林学士承旨李昉，翰林学士扈蒙，给事中、直学士院徐铉，中书舍人宋白，知制诰贾黄中、吕蒙正、李至，司封员外郎李穆，库部员外郎杨徽之，监察御史李范，秘书丞杨砺，著作佐郎吴淑、吕文仲、胡汀，著作佐郎、直史馆战贻庆，国子监丞杜镐，将作监丞舒雅等，阅前代文集，撮其精要，以类分之，为《文苑英华》。其后李昉、扈蒙、吕蒙正、李至、李穆、李范、杨砺、吴淑、吕文仲、胡汀、战贻庆、杜镐、舒雅等并改他任，续命翰林学士苏易简、中书舍人王祐、知制诰范杲、宋湜与宋白等共成之。雍熙三年（986）上，凡一千卷。"

同样还是在这篇文章中，周必大又引证《国朝会要》，谈了与《三朝国史艺文志注》大同小异的内容，不同的是说："雍熙三年十二月书成，号曰《文苑英华》。""帝览之称善，降诏褒谕，以书付史馆，赐器币各有差。"

太平兴国三部大书的纂修，以《太平御览》诏修最早。太平兴国二年（977）二月，开设《太平御览》书局，诏修《太平御览》。至太平兴国八年（983）十二月，书成局罢。书成进览后，宋太宗对宰相宋琪说：史馆所修的《太平总类》，从今日起，每天进呈三卷，朕当亲览。宰相则说，陛下好古不倦，以读书为乐，自是好事，但一天看三卷，恐怕过于伤神。太宗则说，朕喜读书，开卷有益，每见前代兴衰之由，足以为鉴。此书不过千卷，朕每天读三卷，一年即可读完。从此，太宗每天读三卷《太平总类》，从不间断。如果哪一天事情太多未能读满三卷，则一定要找空补上。一年过去了，一千卷的大书也果然读完了，于是就将《太平总类》改名为《太平御览》。

而正当《太平御览》快要编完落地的时候，太平兴国七年（982）九月，太宗忽又从《太平御览》监修、同修官中抽调李昉、扈蒙、宋白、徐铉等动手纂修《文苑英华》，显得有些仓促上马，准备不足。中间李昉、扈蒙、吕蒙正、李至、李穆、李范、杨砺、吴淑、吕文仲、胡汀、战贻庆、杜镐、舒雅等又受领他任，留下的似乎只有徐铉、宋白、贾黄忠、杨徽之四人，这对编纂工作肯定会产生影响。虽然很快续命翰林学士苏易简、中书舍人王祐、知制诰范杲、宋湜与宋白等参与工作，但前后毕竟有个衔接和进入工作状态的问题。一是仓促上马，二是中间换人，都会影响书的编辑质量，给《文苑英华》留下方方面面的缺憾。此事留待后边再讲。

二、纂修步骤

前边已经说过了，《文苑英华》纂修大体是"阅前代文集，撮其精要，以类分之"三大步骤。第一步是编修人员各自都要通览各种相关文集，只有通读了相关文集，才能比较出每篇文章的优劣，这是纂修必不可少的步骤。

第二步是"撮其精要"，这是宋太宗一再强调的问题。雍熙三年十二月书成之后，由宋白领衔进呈，并在进书表中表白他们在选编过程中"席缙经史，堂列缣湘，咀嚼英腴，总览翘秀，撮其类例，分以布居，使沿泝者得其余波，慕味者接其雅唱"（宋王应麟《玉海》卷五十四《雍熙文苑英华》）。太宗看到宋白等呈进的成书及进书表后，立即回报了一份答诏，继续强调："近代以来，斯文浸盛，虽述作甚多，而妍媸不辨，遂令编辑，只取菁英，所谓摘鸾凤之羽毛，截犀象之牙角"（出处同上），继续强调他固有的精选主张。当然，要求归要求，是否真能做到，那就仁者见仁，智者见智了。

第三步是预修人员圈出自己所要选录的文章后，应当还得有一个必不可少的环节，那就是要请人誊录，誊录之后恐怕还得有个校勘的过程，然后才能将每个编修人员所选录的文章汇到一起，进行"以类分之"。类编完了，还需要誊写清稿，之后才能进呈。这三步是我们分析出来的，其自身并没有明确的编辑凡例。一部大书，没有明确的甄选标准和严密的编纂条例，是不可能获得圆满成功的。

三、选文标准

步骤有了，还应该有一个甄选文章的具体标准，以便选编人员共同遵守。可惜，文献中并未给我们留下这样直接现成的材料，所以只好借助文献中的只言片语及今人研究中的某些分析加以概括。凌朝栋《文苑英华研究》（2005年上海古籍出版社出版）一书，为我们提供了极有价值的参考。

其一是要"精粹"。这在前边所引《文苑英华》纂修诏书中已经提到"阅前代文集，撮其精要"。太宗的答诏中更说："只取菁英，所谓摘鸾凤之羽毛，截犀象之牙角。"意思是说要在众多的文章中加以精选。而精的程度就是要优中选优、精中拔粹，犹如凤毛麟角。

其二是要"雅正"。萧统当年之所以组织力量纂修《文选》，其中有一个目的就是要扭转南朝文学的绮靡之风，追求雅正。《文苑英华》在录文标准方面继承了这一优良传统，对从南北朝一直到隋朝宫体色彩浓艳的作品予以大胆扬弃，对唐代以来，特别是盛唐以来的诗文，则大量采集，这对纠正五代以来的文风，开辟宋初的文学道路，起了不小的扭转和推动作用。

其三是不以人废言。前边说了，《文苑英华》录文标准是一个"精"字，只要文章好，不论其人如何。这话说起来容易，做起来却不那么简单。前边曾谈到宋太祖勒石三诫的《誓碑》中专有不杀文人士大夫一款，这是中国封建社会中少见的宽松的文化政策。五代时旧臣心有牢骚，口出怨言，不但不问罪，宋太宗反将他们都请进馆阁，给他们优厚待遇，让他们参与编书。宋初这种文化政策的宽松，表现在《文苑英华》文章的选录标准上，就导出了不以人废言的标准。如陈后主的宫体诗，除了过于绮靡艳冶的作品不选外，所选之数也还不少。对隋炀帝也是一样。甚至唐代阴险毒辣、贪得无厌、拨弄朝纲的宰相元载，论其人可以说是臭名昭著，毫无道德可言，但《文苑英华》竟选了他所撰写的《杜鸿渐神道碑》《裴冕碑》《郭英乂神道碑》及《萧存墓志铭》四篇文章。这是不以人废言的典型事例。有了上述这些标准，选编者有所适从，不至于失之过宽或过严。

四、纂修体例

《文苑英华》在编纂体例上，大体遵循《昭明文选》。《文选》行世之后，影响越来越大，地位越来越高。唐朝时《文选》与《五经》并驾齐名，至北宋，民间仍有"《文选》烂，秀才半"的口头禅，被看成是文章的"祖宗"。这样一部影响深远的文选总集不能不影响《文苑英华》的编纂。《文选》将所收文章，按文体分为赋、诗、骚、七、诏、册、令、教、文、表、上书、启、弹事、笺、奏记、书、檄、移、对问、设论、辞、序、颂、赞、符命、史论、史述赞、论、连珠、箴、铭、诔、哀、碑文、墓志、行状、吊文、祭文，凡三十八类厘为六十卷。下面我们再将《文苑英华》的类例体系列出，即可看出两者之间的联系与区别。

《文苑英华》选录的文章分为赋五十卷、诗一百八十卷、歌行二十卷、杂文二十九卷、中书制诰四十卷、翰林制诰五十三卷、策问四卷、策二十六卷、判五十卷、表七十四卷、笺一卷、状十七卷、檄二卷、露布二卷、弹文一卷、移文一卷、启十六卷、书二十七卷、疏五卷、序四十卷、论二十二卷、议十卷、连珠喻对一卷、颂八卷、赞五卷、铭六卷、箴一卷、传五卷、记三十八卷、谥哀册五卷、谥议二卷、诔二卷、碑九十一卷、志三十五卷、墓表一卷、行状十卷、祭文二十三卷，共三十七类，一千卷。大家一看就知道两者是大同小异，或者说是《文苑英华》在文体类分上，是极大程度地借鉴了《昭明文选》。如首类为赋，次之为诗，《文选》与《文苑英华》完全一样。在《文选》之前，著录文体的典籍，以及文学理论方面的著作，如《文心雕龙》等，都是将诗放在赋前边的。而将赋放在诗之前的以《文选》为最早，《文苑英华》在这一点上可以说完全继承了《文选》。

《文苑英华》在大类之下还要再分，如《文苑英华》所收一百五十卷一千三百七十八篇的赋作，就又细分为天象、岁时、地类、水类、帝德、京都、居邑、宫室、苑囿、朝会、禋祀、行幸、讽喻、儒学、军旅、治道、耕籍、田农、乐、钟鼓、杂伎、饮食、符瑞、人事、志、射、博弈、工艺、器用、服章、图画、宝、丝帛、舟车、薪火、畋渔、道释、纪行、游览、哀伤、鸟兽、虫鱼、草木等四十三类。其中天象类选得最多，凡一百八十九篇，所以还得往下细分为天、日、月、星、斗、天河、云、风、露、霜、雷电、霞、雾、虹、天议、大衍、律管、气、象、空、光、明、骄阳等三级类。这种三级类分的体例，虽然未必完全准确，但编纂者的用心是十分良苦的，也比《文选》更进了一步。

第二节 《文苑英华》纂修人员的资质

前边曾引证《三朝国史艺文志注》说，太平兴国七年（982）九月，诏翰林学士承旨李昉等纂修《文苑英华》，前后涉及21人。另据记载，还有赵昌言、王旦等也曾参与纂修《文苑英华》，加起来共23人。这些人中李昉、扈蒙、徐铉、苏易简等是以馆职身份参与编修的，也就是职责所系。而宋白、贾黄中、吕蒙正、李至、李穆、杨徽之、李范等，则都是以兼职身份参与编修的。从经历上看，有前朝遗老，也有当朝新秀。遗老中后周和南唐旧臣较多，李昉、扈蒙、李穆、杨徽之、王祐、战贻庆6人，就都是五代后周的旧臣。而徐铉、吴淑、吕文仲、舒雅、杜镐5人，则是十国中南唐的旧臣，其余则是入宋之后的新选之官。他们新旧衔接、老中青结合、本职兼职搭配，组成了《文苑英华》的纂修班子，完成了历史上一项有名的文化工程。

如果花点工夫摸一下这些与修人员各方面的情况，会觉得这套班子是一个资质十分全面的纂修班子。从出身、学术上看，23人中有15名进士，占65.2%。进士当中有4名状元，占17.8%。从行政职务上看，有3位宰相，占总人数的13%。有4位参知政事，占总人数的17.8%。有2位枢密副使，接近总人数的10%。2位尚书，接近总人数的10%。3位侍郎，占总人数的13%。阵容十分可观。

一、四名状元

《文苑英华》与修人员15名进士中，有4名是状元，他们是舒雅、吕蒙正、杨砺、苏易简。封建社会的科举考试，特别是后来的八股考试，埋没了不少人才，也录取了一些专门能应付考试的庸才，但中式及第者中绝大多数还是人才，特别是在经史诗文方面，都各擅其长，有所建树。

舒雅，字子正，歙县（今属安徽）人。五代十国南唐时舒雅受知于韩熙载。南唐李璟保大间（943—958）韩熙载主持科考，舒雅状元及第。

入宋，授将作监丞、屯田员外郎，充秘阁校理。真宗时，直昭文馆，转刑部。大中祥符二年（1009）卒，年七十余。

舒雅一生多参与文事，太平兴国中以将作监丞身份与修《文苑英华》，淳化中校理《史记》及前后《汉书》，至道中与修《续通典》，真宗咸平中又受命校理七经疏义。是宋初很活跃的文人士大夫。他好学善文，与吴淑齐名。晚年又与西昆派诗人相唱和，为西昆派诗人中年龄最长者。

另一名状元是杨砺。杨砺字汝砺，宋京兆鄠县（今属陕西）人。太祖建隆元年（960）举进士甲科第一，成为状元。可是赶上父亲病故，只好居家守丧，不进浆水，以进孝道。丧期过后，又因当官所得的那点俸禄不足以养母，所以闲居在家，无意仕进。后经朋友相劝，才勉强出来做个小官。太祖开宝九年（976）到开封献书 ，才被召应试学士院，授陇州防御推官，升为光禄寺丞，母死，又回里守丧。丧除后复官，很久才转为秘书丞，改授屯田员外郎，出知鄂州，有政声。太平兴国七年（982），以秘书丞身份与修《文苑英华》。真宗时做开封府尹，砺做推官。真宗曾经问他"何年及第"，砺很不好意思，唯唯不肯回答。真宗后来知道他考进士时乃唱名第一，自己很后悔失问。但也正因他不以状元自矜，才得真宗看重。真宗即位后，召拜给事中，不久又召入翰林学士。咸平元年（998），受命担任全国主考，拜工部侍郎、枢密副使。第二年卒，年69岁。工部侍郎，相当于副部长。宋初的枢密院，与中书即中央政府共称为二府，中书掌国政，枢密掌兵权。枢密院设枢密使和枢密副使。枢密使以文人而知兵者充任，副使则是枢密使的副手，帮助协理枢密院事，地位不低。杨砺的文风比较繁缛，且无师法，同官不以为然。

还有一名状元，就是苏易简。苏易简，字太简，四川梓州铜山人。这个人自少年就聪颖好学，极富才思，又风度奇秀。太平兴国五年（980）21岁便考中进士。其时，太宗正留心儒术，想通过科举考试选拔人才，故对所有贡士都要进行临轩复试，苏易简复试为文三千余言，援笔立就，皇帝览而称赏，擢冠甲科，成了状元，授将作监丞，通判昇州，迁左赞善大夫。八年（983）以右拾遗知制诰。雍熙初，进秩祠部员外郎。二年（985）与贾黄中一起主持全国科举考试，三年（986）充翰林学士。淳化中又主持京朝官的考课，升为中书舍人，担任承旨。后累官给事中、参知政事。至道二年（996）英年早逝，年仅39岁。

苏易简是后来奉命插进来与修《文苑英华》的，其时他的头衔是翰林学士，而他获得翰林学士的头衔是在雍熙三年，由此我们可以考知《文苑英华》纂修人员发生变动就在这一年。就在他参与《文苑英华》纂修工作这一年的十二月份，《文苑英华》纂修的全部任务便已完成，并由宋白领衔向皇帝进呈，所以苏易简与修《文苑英华》，充其量不到一年的时间。

二、十五名进士

前边已经统计，《文苑英华》与修人员中有15名进士，除去上述4名状元，也还有11名进士。

首先是李昉，他是《文苑英华》前期与修人员中的主要人物，处于监修位置。他中进士在五代后汉乾祐元年（948），距赵宋立国还有12年，是与修《文苑英华》人员中中进士较早的一位。后来他做了赵宋的宰相，属于《文苑英华》与修人员中三宰相之一，其行实事迹留待后边宰相栏中再说。

扈蒙，字日用，幽州安次（今属河北）人。五代后晋天福（936—944）举进士，是《文苑英华》与修人员中最早中进士的人，比李昉还要早。宋初，由中书舍人升迁为翰林学士。太祖开宝中（968—976）奉诏与李穆等同修《五代史》，并详定《古今本草》。曾撰写《圣功颂》，表赞太祖受皇位、平定统一天下之功，深得太祖赏识。太宗即位，召拜中书舍人，复为翰林学士，与李昉共同编修《太祖实录》。太平兴国四年（979），扈从太宗征讨太原，回京转升为户部侍郎，加承旨。雍熙三年（986）染病，从工部尚书职位上退休，不久卒，年72。

扈蒙属文学名流，但不善做官。沉稳厚重，从不言人是非。谙朝章仪注，宋初窦仪之后，朝章仪制多出扈蒙之手。好佛典，不喜杀，故有"善人"之誉。他有个毛病，就是爱笑，即使在皇帝面前也不能自控。太宗诏修《文苑英华》，他以翰林学士身份与修。

宋白，字太素，又作素臣，大名（今属河北）人。建隆二年（961），窦仪为主考官，白参加科举考试，被录取为甲科。乾德初年（963），献文百轴，又参加拔萃高等考试，授官著作佐郎，起点较高。扈从太宗征讨太原，北汉国君刘继元投降的第二天，宋白就呈上《平晋颂》，深得太宗称赏，回京即拜中书舍人，并奖赐金银、紫带。后累官礼部、吏部尚书。大中祥符五年（1012）卒，年77，赠左仆射。

宋白学问宏博，为文汪洋恣肆，但词意放荡，缺少法度。为人诙谐风趣，好开玩笑，不拘小节。但热心接济亲族，抚恤孤寡，被人誉为"雍睦"。又喜聚书，好收藏，号称万卷，图画亦多奇古，所以他个人有条件类编故事千余门，以成《建章集》。凡唐人编辑遗落者，多所收录，博得其时才俊的称道。他与修《文苑英华》，并始终其事，并且最终由他将此书上表呈献给皇帝。

杨徽之,字仲猷,建州浦城(今属福建)人。自幼学习刻苦,五代后周显德(954—960)中进士甲科及第,颇受当时宰相范质的器重,提拔为著作佐郎、右拾遗,并参与窦俨所编纂的《乐书》。太平兴国初年,宋太宗听说他的诗很有名,就派人索取他的诗篇来看,他则以数百篇奏上,并且献诗一首表示感谢。其感谢诗最末一章有"十年流落今何幸,叨遇君王问姓名"句,太宗览而称善,并说"徽之儒雅,操履无玷",提拔为侍御史,权判刑部。又以徽之精于风雅诗道,命他参与《文苑英华》的纂修,其中有关诗的部分,由他专门负责甄选。《文苑英华》一百八十卷的诗录,都是杨徽之所拣选。又迁为刑部、兵部二部郎中。端拱初,拜左谏议大夫。真宗时,官至翰林侍读学士。

吕文仲,字子臧,歙州歙县(今属安徽)人。五代十国时南唐的进士。入宋,授太常寺太祝,迁少府监丞。太平兴国中,太宗常去便殿观看古碑刻,每次去几乎都要让吕文仲、舒雅、杜镐、吴淑等陪同,并让他们读念碑文。其中尤以吕文仲读得最好,所以其后又令他读《文选》,读《江海赋》,并让他充任翰林侍读,在御书院行走。雍熙初,升为著作佐郎。由于他善于应对,又派他作为王著的副使出使高丽,回来后改任左正言,巡抚福建,加左议大夫,刑部侍郎,集贤院学士。太平兴国诏修的《太平御览》《太平广记》《文苑英华》三大书,吕文仲都曾参与。他参与纂修《文苑英华》时的头衔是著作佐郎,所以应该是雍熙改元时加入进去的。

杜镐,字文周,无锡(今属江苏)人。他幼年好学,博通经史,名闻江南。五代十国时举南唐明经,授集贤校理,入直澄心堂。入宋为千乘县主簿。太宗即位，江左很多旧儒举荐他，改授国子监丞、崇文院检讨，迁著作佐郎，改太子赞善大夫。真宗时预修一千卷的《册府元龟》，改授司封郎中，最后官至工部和礼部侍郎。

杜镐博闻强记，凡他所检阅过的书，遇到需要查找的，常对办事的书吏说：某事到某书第几卷第几行去查对。经过多次验证，毫无差错，大家都非常佩服他。

杜镐不是进士，而是考中了南唐的明经。明经也是封建社会选拔人才的一种途径。最早始于汉代，但未形成制度。明经的意思是要将通晓经学的人推荐给朝廷。隋朝实行科举取士制度之后，明经又成为科举科目之一，与进士并行，以经义和策问考取。中唐以后流于形式，五代后晋开运时又恢复。宋代嘉祐以后又实行此制，出身与进士相同。所以宋初并不小看明经，让他以国子监丞的身份与修《文苑英华》，就是明证。

另外还有李至、李穆、战贻庆、宋湜、赵昌言、王旦也都是进士，他们都将在参知政事栏中得到反映。倒是有几位不是进士者，需要在这里作一简单介绍。

徐铉，字鼎臣，广陵（今江苏扬州）人。这个人极具文才，与韩熙载齐名，江东称为"韩徐"。五代十国时先侍吴，为校书郎。后又侍南唐，累官吏部尚书。南唐纳土归宋时，随后主李煜到开封拜见赵匡胤，赵匡胤曾厉声责问他们为什么不早来投降，铉则毫无畏惧地回答：臣为江南大臣，国既已亡，罪当一死，你不该再问其他事项。太祖听后，不但没有杀他，反说你是忠臣，希望你以后能像忠于李煜那样忠于我，并立即授官太子率更令。到太平兴国初年，李昉独直翰林院，徐铉则独直学士院。扈从太宗御驾出征太原，军中书檄，铉援笔起草，辞理精当，深得赏识。与修

《文苑英华》时的头衔，正是他直学士院之时。他虽不是进士，但学问渊洽，长于文字之学，尤邃于《说文解字》。

吴淑，字正仪，润州丹阳（今属江苏）人。少年俊爽，为文敏赡，为韩熙载、潘佑所器重。五代南唐时为校书郎直内史。入宋则应试学士院，授大理评事，太平兴国诏修三大书，吴淑皆参与其事。官至职方员外郎。曾献《九弦琴五弦阮颂》，太宗称赏其学问渊博。又作《事类赋》，分注为三十卷，进呈给皇帝御览。为人纯静好古，词学典雅。

范杲，字师回，大名宗城（今属河北）人。这个人是五代后周宰相范质的侄子。曾带着自己写好的文章去见陶谷、窦仪，得到两人的赏识，并许愿说你若考进士，当拔你为甲科。待到这一年秋天考试时，有人告发了这件事，并说高门大族子弟，不该与寒士争科第。杲只得不参加科考。太平兴国初，杲迁著作郎、直史馆，历右拾遗，左补阙。雍熙时还曾让他主持全国科考。可是他恃才傲物，还上书自荐才比东方朔，请求重用。太宗重才，令知制诰。后又走宰相李昉的门子，李昉看他急于求官，曾多次予以开导。太宗曾以飞白书"玉堂"匾额赐给翰林，杲则主动撰写《玉堂记》呈献给皇帝，大加赞颂，并伸手向皇帝要翰林之职。太宗讨厌他急躁，未给他翰林之职，而是给了他右谏议大夫头衔。后太宗以为太祖一朝的典册齐全，曾议论要召杲为之。他听说后窃喜，以为将要提拔自己，于是就急不可耐地找朗州通判钱熙去打听"朝议将任仆何官"，答曰"重修《太祖实录》尔"。杲听后默然良久，不久染疾，旬月而死，年仅56岁。这是《文苑英华》与修人员中，秉性最差的一个，但他的学问并不差，所以死后太宗皇帝还很怜悯他，决定录用他的两个儿子。

三、三位宰相

李昉，字明远，深州饶阳（今属河北）人。五代后汉乾祐元年（948）举进士，官至集贤殿修撰。后周时官至屯田员外郎、翰林学士。入宋，加中书舍人、翰林学士。太宗即位，加昉为户部侍郎，受诏与扈蒙、李穆、郭贽、宋白同修《太祖实录》。扈从太宗征讨太原，师还拜工部尚书兼承旨。太平兴国中，改端明殿学士。当时赵普、宋琪居相位太久，帝求能继承之人，老臣中没有能超过李昉的，于是先让他做了参知政事，也就是先做副宰相。其时正赶上赵普出镇他方，于是便与宋琪一道拜为平章事，即宰相，并监修国史。

李昉为人和厚宽恕，不念旧恶。平时与卢多逊友善，待之不疑。可卢多逊却常在皇帝面前说他的坏话。有人告诉他，他还不信。待他当了宰相，太宗曾告诉他卢多逊常褒贬他一钱不值，李昉才相信。所以太宗称赞他为"善人君子"。太平兴国诏修《太平御览》《太平广记》《文苑英华》三大书，李昉均参与其事。

第二位宰相是吕蒙正。吕蒙正，字圣功，洛阳（今属河南）人。太平兴国二年（977）进士第一，授将作监丞，通判昇州。太宗御驾亲征太原，曾在驻跸之地召见吕蒙正，受著作郎、直史馆，加左拾遗。太平兴国五年（980）拜左补阙，知制诰。不久，进都官郎中，入为翰林学士，提拔为左谏议大夫、参知政事，参知政事就是副宰相。

李昉被罢宰相，吕蒙正则拜中书侍郎兼户部尚书、平章事，也就是替代李昉当了宰相，执掌国政，终日行走在皇帝身边。吕蒙正为人"质厚宽简"，即质朴厚道宽容平易，以"正道自持"，每与皇帝讨论时政，凡认为皇帝有不妥的地方，一定明确表示他的不同意见。他这种公忠为国的负责态度，被皇帝嘉许为"无隐"，也就是没有任何隐瞒。

卢多逊做宰相时，他儿子卢雍起家即授水部员外郎，吕蒙正则向皇帝奏称：臣当年甲科及第成了状元，才只授九品京官。那些老于山林的才俊之士，终身未食天子之禄者更多。宰相儿子始离襁褓就授以高官，恐怕会遭到责难，请求跟我刚脱下民服开始当官时所授官品相同。帝采纳他的建议，自此，宰相儿子开始只授九品京官，并成为定制。

一次皇帝让他推荐人才出使朔方，即辽廷，吕蒙正很快奏上了一个人名。皇帝不认可。改日又三问其事，则仍以其人相荐。皇帝责问他为什么这样固执，他则回答不是自己固执，是陛下不了解其人，并强调说其人可以出使，他人达不到其水平。还说不想"媚道"而称人主之意以危害国家。同僚听了多为他顶撞皇帝而担惊受怕，皇帝则对左右说自己不如蒙正的器量之大。后来果然用了他所推荐的人，那人真的十分出色地完成了任务。

吕蒙正当宰相，自有人巴结他，以求进取。朝士当中有一位收藏古镜者，自言他这面镜子能照二百里，打算送给宰相，以求得宰相能知道他、推举他。吕蒙正则说，我这张脸不过有碟子那么大，用不着照二百里。坚拒收授贵重礼品。由于他为人、为官德才兼备，成为北宋初期极有名的宰相，和赵普一样，一生当中三挂相印，确是国家的栋梁之才。这样一名品学兼优的状元、宰相，在年轻时与修《文苑英华》，虽是初露头角，应该已显出他的才干。

第三位宰相是王旦。王旦，字子明，大名莘（今属山东）人。他的曾祖父、祖父、父亲都以文章显名于五代后汉、后周之际。旦幼时沉默寡言，但好学而有文采，父亲王祐很看重他，并预言"此儿当至公相"。太平兴国五年（980）中进士，授大理评事，出为平江知县。该县的办事公廨，传说有厉鬼，周围居民多不安宁。可是王旦赴任之前，守吏听闻群鬼呼啸而言"相君至矣，当避去"。自此群鬼皆绝。太平兴国中诏修《文苑英华》，令其甄选编纂诗类。真宗即位，拜中书舍人，数月后，提为翰林学士兼知审官院、通进银台封驳司。一次奏事退还，真宗目送其出，并说"为朕致太平者，必斯人也"。咸平三年（1000）主持全国科举会试，拜给事中，同知枢密院事。翌年，以工部侍郎为参知政事。第三年（1002），以留守东京功加尚书左丞。第四年（1003），拜工部尚书、同中书门下平章事、集贤殿大学士，兼修国史。中书门下平章事，即是宰相。这虽是真宗时的事，亦反映出王旦的德与才。

四、四位参知政事

这里的四位参知政事，是指官至参知政事，不包括曾任参知政事而后官位更高的人。例如李昉、吕蒙正、苏易简等，也都任过参知政事，但他们分别在状元、宰相栏里已介绍过，此处不再重复。

参知政事是一种官名。唐贞观十三年（639），以尚书左丞刘洎为黄门侍郎、参知政事，是为宰相。北宋太祖乾德二年（964），将参知政事降为副宰相地位，辅助宰相处理政务。到开宝六年（973），为了防止宰相赵普专权，始命参知政事到都堂与宰相共议公事，并且与宰相轮日掌印、押班。元丰改制后，以尚书左、右丞为副宰相，参知政事之名遂废。南宋建炎三年（1129）又置此官，为正二品。北宋初年，为了加强中央集权的专制统治，军权、政权都加以分割，政府设正副宰相，以分掌政权；枢密院设正使、副使，以分掌军权，分割的目的就是防止一人大权独揽，而将权力都集中在皇帝一人手里。

李穆，字孟雍，开封府阳武（今属河南）人。五代后周显德初中进士，开始为郢州、汝州从事，后迁右拾遗。宋初，以殿中侍御史选为洋州通判。开宝五年（972），以太子中允召，翌年，拜左拾遗、知制诰。宋用兵江南之前，曾以李穆为使，召南唐李后主入朝纳降，李煜称病不来，李穆则严肃予以警告，很得皇帝赏识。太平兴国初年，转为左补阙，加史馆修撰并主持馆事。四年（979）扈从太宗征讨太原，还拜中书舍人，预修《太祖实录》。八年（983）擢拜左谏议大夫、参知政事。九年（984）正月，早晨起来准备上朝，突感头晕目眩，倒地而卒，年五十有七。皇帝听传噩耗，对近臣说穆乃国之良臣，他的死不仅是他自己的不幸，"乃朕之不幸"。赠工部尚书。

五代以来，辞令崇尚华靡，至李穆而独力提倡雅正，用以矫正华靡之风。大概也就因为他有这方面的见识与胆略，才让他参与《文苑英华》的修纂。太祖曾夸赞他"词学之外无所豫"，可知他于词学确又专长而无其他更多的兴趣。穆又擅长书写篆、隶，工于绘画。深信佛典，善谈名理，奖掖后进，是一位学识比较全面的封建士大夫。

贾黄中，字娲民，沧州南皮（今属河北）人。六岁举童子科，五代后晋天福三年（938）15岁进士及第。宋初为刑部郎中。太宗即位，迁礼部员外郎。太平兴国二年（977）出知昇州。当时南唐刚刚归服，一日，巡查李后主宫中遗物，发现一室锁闭甚严，他便命人打开，结果得金宝数十匮，值数百万，乃南唐遗物，于是表奏朝廷。太宗览奏对侍臣说：若不是黄中廉洁奉公，则亡国之宝将会使人贪赃枉法而受害。因此于太平兴国五年（980）将其调回京城，并以其文选高第而试之中书，拜驾部员外郎、知制诰。八年（983）与宋白、吕蒙正等一同主持科考，迁司封郎中，充翰林学士。端拱初，加中书舍人，兼史馆修撰。再主持全国科考，多选拔清贫寒俊之士，却能品评精当，不讲私情。淳化二年（991）拜给事中、参知政事。至道二年（996）卒，年五十六。贾黄中与修《文苑英华》时的头衔是知制诰，正是他从昇州调回京城的第二年。

李至，字言几，真定（今属河北）人。七岁而孤，但沉静好学，等到长大成人，则写一手的好文章。太平兴国初年进士及第，授将作监，通判鄂州。不久，加著作郎，直史馆。随太宗征讨太原，命督办粮草，迁右补阙，知制诰。太平兴国八年（983），转为比部郎中，成为翰林学士。就在这一年的冬天，又拜右谏议大夫、参知政事。李至眼睛不好，因而不断请求辞去参知政事职务，后来有一段时间让他掌管秘书监，总管三馆，大概就是因为他的请求。真宗即位，又拜他为工部尚书、参知政事。李至参与纂修《文苑英华》时的头衔是知制诰。

知制诰，是封建社会的一种官衔名称。唐朝初年，中书舍人掌管草拟诏诰敕令，称为知制诰。唐玄宗开元以后，以尚书省各司郎中替代中书舍人的职务，称为兼知制诰。其后，凡翰林学士入院一年以后即可以加授此衔，专掌内制，负责起草机密诏令；而以其他官职兼领此衔者，专掌外制，负责起草政府文书。宋初沿袭唐制，亦小有变化。凡翰林学士又别有职任，仍带此衔；其他官任而又兼掌外制之人，也可以带着此衔再任其他外官。神宗元丰改制后，复置中书舍人而执掌诏令起草，不许他官兼知制诰，但翰林学士则仍授此衔，以示专掌内制。上述所介绍的《文苑英华》各类与修人员中，凡是翰林学士者，几乎都带有知制诰的头衔。

赵昌言，字仲谟，一作幼谟，汾州孝义（今属山西）人。这个人年轻时胸怀大志，赵逢、高锡、寇准等都很器重他。太平兴国三年（978）登进士第，主管贡举的部门要将他作为首选，于是在场屋之间声名鹊起。廷试那天，太宗见其文思敏捷，又辞气雄辩，选他为甲科，授将作监，通判鄂州。不久，拜右拾遗，直史馆，选为荆湖转运副使，迁右补阙，又改知青州。入拜职方员外郎，知制诰，并让他参与纂修《文苑英华》。后又迁左谏议大夫、枢密副使。出知天雄，以治河有功，拜给事中、参知政事。

五、两位枢密副使

所谓枢密副使，是指宋代枢密院的副使。枢密院、枢密使之名，早在唐朝就有，但职掌不同。北宋太祖建隆三年（962），改变过去宰相兼掌枢密院事的旧制，单独组建枢密院，使之成为国家的最高军事机构。宰相只主持中书省，当时也叫门下省，也称政事堂，实际就是中央政府的政务，是国家最高的行政长官。而枢密院则专掌国家最高军权，形成了与宰相合掌军、政大权的格局，所以当时称为"二府"。这样做的目的，是要将军权、政权分开，由两府分别领属，削弱宰相兼领军、政的权力。枢密院虽将军国机务、兵防、边备、军马及出纳机密命令等事通通掌管起来，但也只有发兵之权，而绝无拥兵之重。枢密院设枢密使和枢密副使各一人。枢密使的权力与宰相大体相同，所以当时号称执政，意思就是与宰相同执朝政。而枢密院副使与同知枢院事交错为枢密使的副手，协助办理枢密院事，官在二品，地位已相当高上。《文苑英华》与修人员中的杨砺、宋湜就都曾官至枢密副使。

杨砺已在前边状元中列有其名，此不重复。

宋湜，字持正，宋京兆长安（今属陕西）人。太平兴国五年（980）进士，累官翰林学士、知审官院。真宗即位，拜中书舍人。咸平元年（998）冬，改任给事中，充枢密副使。曾扈从真宗北巡，驻跸大名，在便殿召见，正要奏事，忽然病倒在地。翌年正月，真宗探视病情，准许他提前回京，并将自己所用的被褥给他铺盖，并说虽然暗旧一点，但可以在路上御寒。可惜，车走到澶州（今河南濮阳）他即命归黄泉，时年五十有一。

宋湜风度秀整，涵养儒雅，好学，文词俊美。又通晓音律，妙于弈棋，工书法，是一位多才多艺的封建文人士大夫。他与修《文苑英华》，是在李昉、扈蒙等一大批人调任他务以后续命参与编修的。当时的头衔是知制诰。

《文苑英华》与修人员中还有李范、胡汀，行实不详。李范参编《文苑英华》时的头衔是监察御史，胡汀的头衔是著作佐郎。战贻庆，只有《万姓统谱》中说他是进士，别的则一无所知。还有一位王祐，是后来补充进来的参编人员，头衔是中书舍人。这个人是五代旧臣，参编《文苑英华》时当已60岁出头。

这样一批高官俊彦之士，组成《文苑英华》的纂修班子，而且只是选编前人著作，并不是要他们撰著一部大书。以他们每个人的资质而论，编好这部书应当是绰绰有余，可是他们用了五年多时间修成的这部书，却给后人留下了无限的遗憾。

第三节 《文苑英华》纂修的文献支撑

中国封建社会，凡以武功克敌取得天下之后，通常都要偃武修文，以图长治久安。而修文的重要举措之一，便常常是要组织力量编纂几部大书，借以昭示最高统治者"稽古右文"的气概和襟怀。而要编纂大书，就要广征天下遗书，用来支撑编纂的基本文献需求。太平兴国年间诏修三大书的前后，就曾紧锣密鼓地广搜天下遗籍。

一、宋初典籍奇缺

公元907年，以朱温夺取李唐天下建立后梁政权为标志的五代正式开始。而后，在短短53年的时间里，北方后梁、后唐、后晋、后汉、后周五个朝代先后更迭，而每次更迭，都要穷兵黩武，战火纷飞，山河破碎，黎民涂炭。南方有吴、吴越、前蜀、楚、闽、南汉、荆南（南平）、后蜀、南唐和北方的北汉十国并存，如果把后梁时的晋、岐、燕，后汉时的清源，后周时的武平，以及西北的定难等割据政权也计算在内，那就是十六国先后并存，各据一方，各行其政，各有朝纲，形成了我国历史上一段大动荡、大分裂的历史时期。这些割据称雄的赳赳武夫，大多数不学无术，只相信武力可以帮他们夺得政权，享受一时的荣华富贵。后汉时的宰相杨邠就曾说："国家者但得帑藏丰盈，甲兵强盛，至于文章礼乐，并是虚事。"（《旧五代史》卷一百零七）。正是由于战争的破坏，人为的轻蔑，所以自唐末以来，"中原多故，经史文集荡然流离，仅及百年，斯道几废"（元马端临《文献通考》卷一百七十四）。南宋洪迈《容斋随笔》第五笔卷七也说："国初，承五季乱离之后，所在书籍印板至少，宜其焚荡，了无孑遗。"

后汉隐帝刘承祐乾祐年间（948—950），礼部郎司徒调曾经上书请开献书之策，规定凡是儒学之士、官宦旧族有以三馆所缺之书来献者，依据书的卷帙大小，奖励不同数量的金银、丝绸绢帛。献书多的，还可以当官。政策虽然很优惠，可是由于当时正处在战争岁月，很多官宦人家都避难他方，书籍存世者极罕，故响应之人极少。

后周世宗柴荣称帝时期，史馆藏书奇缺，故锐意访求，规定"凡献书者，悉加优赐"，诱导献书。同时组织力量，对从民间所得之书选官校正，并允许在卷末签署校正者姓名。但由于后周王朝只有七年的国祚，所以得书也极为有限。宋代正是在这样的烂摊子上建立国家政权，所以马端临说，"国初承五季之后，简编散落，三馆聚书，仅才万卷"（元马端临《文献通考》卷一百七十四），这是宋初典籍奇缺的真实写照。

二、广征天下遗书

赵匡胤虽未动一刀一枪便迫使后周恭帝将皇位禅让给他，但接受的江山却是五代乱离之后诸国并存、政令不一、经济萧条、民生凋敝、典籍散佚的烂摊子，所以赵宋立国之后要八面应对，并强力推行"崇文抑武"的基本国策。一方面要推行"崇文"国策，一方面又典籍奇缺，所以宋初在搜讨遗书方面采取了一系列有效措施。

宋太祖"乾德元年（963）平荆南，诏有司尽收高氏图籍，以实三馆"（宋江少虞《事实类苑》卷三十一）。这里的所谓荆南，是五代时的"十国"之一。五代后梁开平元年（907），高季兴为荆南节度使，他在那里拥兵自重，称雄一方（今湖北、湖南、四川部分地区），实力逐渐膨胀，到后唐同光二年（924）只好封他为南平王，成为荆南小国的首领，以今湖北江陵为国都。虽然荆南先后向后梁、后唐、后晋、后汉、后周及吴、前蜀称臣纳贡，实际则是一个独立的小王国。乾德元年（963）被北宋灭亡，他原有的藏书便被北宋全部收归国有。这是北宋政府得到的第一批典籍。

乾德"三年九月，命右拾遗孙逢吉往西川取伪蜀法物、图籍、印篆赴阙，得万三千卷，送三馆"（宋江少虞《事实类苑》卷三十）。宋李焘《续资治通鉴长编》卷七也记载说："先是，上遣右拾遗孙逢吉至成都收伪蜀图书、法物，乙亥逢吉还。所上法物皆不中度，悉命焚毁。图书付史馆。"这段历史说的是北宋太祖乾德三年（965）平定孟蜀后，曾派右拾遗孙逢吉前去收缴法物和图书。回朝奏上后，那些法物皆不合规矩制度，尽行焚毁，而一万三千多卷图书则拨付三馆收藏。这是北宋政府得到的第二批典籍。

这次前往成都执行使命的孙逢吉，头衔是右拾遗。可这个时期有两个孙逢吉，一个是后蜀的孙逢吉，这个人是成都人，后蜀孟昶广政年间做过《毛诗》博士。曾受宰相毋昭裔之命，与勾中正一道书写《文选》《初学记》《白氏六帖》版样，上木梓行。又参与校刻过《蜀石经》。这个孙逢吉肯定不是北宋朝廷所派前往成都收拾后蜀法物、图书的那个人。北宋还有一个叫孙逢吉的，字同彦，是富春（今浙江杭州富阳）人。受命前往成都收拾后蜀法物、图书的应该是他。由于他只是个右拾遗，人微言轻，历史上记载不详。但他却出色地完成了这项特殊任务，为北宋政府收缴回来一万三千多卷图书，充实了三馆之藏，为宋初诏修大书进一步提供了文献保证。

宋王应麟《玉海》卷四十三《乾德求书》条记载，宋太祖乾德四年（966）"闰八月，诏求遗书，涉弼等应诏献书，总千二百二十八卷，分置书府"。

明陆深《俨山外集》卷十六亦载："宋太祖乾德四年下诏购募亡书，《三礼》涉弼、《三传》彭干、学究朱载等皆诣阙献书，合千二百二十八卷，诏分置书府。弼等并赐以科名。闰八月，又诏史馆，凡吏、民有以书籍来献，当视其篇目，馆中所无者收之。献书人送学士院试问，吏理堪任职官者，具以名闻。"

这两段话的意思，是说宋太祖乾德四年曾下诏征集购买朝廷三馆所缺少的图书，专门研究《三礼》的专家涉弼、专门研究《春秋》三传的专家彭干以及儒者朱载等人，都到朝廷进献图书，合起来一共是一千二百二十八卷，下诏分别藏入三馆各书库。并在闰八月，又下诏给史馆，要求对民间所献之书，一是要看它的篇目多寡，二是要看馆中是否有无，无者才能接收，并将献书人送到学士院考试并接受答疑。对懂得为官之道者，要具名奏闻，量材录用。这是北宋政府征集到的第三批典籍。

宋江少虞《事实类苑》卷三十一记载："开宝九年平江南，命太子洗马吕龟祥，就金陵籍其图书，得二万余卷，悉送史馆。"其实，北宋平定南唐是在开宝八年（975）的冬天，第二年春天，才派太子洗马吕龟祥前往金陵收缴南唐图籍。

五代时的十国当中，以孟蜀、南唐、吴越等国最为富庶，文化也较为发达，藏书较为丰富。蜀中宰相毋昭裔、南唐后主李煜、吴越国王钱弘俶等，都是当时有名的文化人。毋昭裔不但校定《九经》镂版颁行，还将《九经》书丹上石，刻成十分有名的《蜀石经》。李煜本人是文学家，他的词作脍炙人口，至今传诵。钱弘俶领有吴越之地，富甲一方，为给宠妃黄氏祈福，不但特建雷峰塔，还大批量刻印《一切如来心秘密全身舍利宝箧印陀罗尼经》，送入杭州西关雷峰塔空心砖内供养，在中国刻书出版史上写下了浓墨重彩的一笔。这些独立的小王国，在北宋立国之后，有的被灭亡，有的主动来降，他们原有的图籍也要收归国有。南唐李煜是被迫来降的，所以国破之后原有二万多卷藏书，也被当时的太子洗马吕龟祥从金陵（今南京）运到开封，存入史馆。他的藏书和他的愁一样，"恰似一江春水向东流"。吴越钱弘俶归降后，朝廷也遣使收其图籍，送入馆阁。

说到负责收缴南唐图籍的吕龟祥，当时的头衔是太子洗马。洗马之官秦时就有，是太子的属官。隋朝隶属于太子门下坊司经局，唐因之，掌管图籍。北宋初期为五品寄禄官，元丰改制后叫做通直郎。可知太子洗马，其职责就是管理图书。南唐灭亡后，北宋政府派吕龟祥到金陵收缴李氏图籍，乃其职责所系。吕龟祥后来做了殿中丞，又被派往安徽寿州做知州，从此便将家安在了寿州。吕氏一门在北宋可是了不得，吕蒙正是吕龟祥的侄子，是吕氏家族中出的第一个宰相；吕夷简是吕龟祥的孙子，是吕氏家族中出的第二位宰相；吕公著是吕龟祥的重孙子，是吕氏家族中出的第三位宰相。一门三宰相，空前绝后，历史罕见。

宋王应麟《玉海》卷四十三《乾德求书》条又载："（太平）兴国二年十月，访先贤墨迹、图书。九年正月壬戌，命三馆比较《开元四部书目》，访其阙遗，及三百卷者，甄录。至道元年六月十日，命装愈求图籍。"而对于"不愿送官者"，则"借本写毕还之"（明陆深《俨山外集》卷十六）。

宋太宗赵炅生性好学，他的父亲赵弘殷在后周时就很尊贵，赵宋立

宋太宗赵炅

国后，为配合儿子们打天下，曾领兵攻打淮南。在进军途中，所破州县，对于财物毫厘不取，而对于图籍则悉数求之，以奏献朝廷。到太平兴国九年（984）正月，太宗又下令三馆以唐代所编《开元四部书目》为依据，查对三馆所缺，有目标地搜访逸书。凡所献在三百卷以上者，都要甄选入藏。到淳化三年（992）九月，太宗登临秘阁，看到群书排架齐整，喜形于色，对身边的侍臣说"丧乱以来，经籍散失，周孔之教将坠于地。朕即位之后，多方收拾，抄写购募，今方及数万卷，千古治乱之道并在其中矣"（宋程俱《麟台故事》卷一）。

经过三十多年的苦索冥求，北宋三馆藏书从国初的一万多卷增加到八万多卷，为太平兴国时诏修"三大书"提供了有力的文献支撑。周必大在《文苑英华事始》一文中说："既得诸国图籍，聚名士于朝，诏修三大书"，道破了这种文献准备与修书之间的逻辑关系。

三、重建三馆秘阁收储图书

北宋初期，政府用收缴、征集等手段所得到的数万卷图籍，必须要有个妥善的收储之地，才能达到既为当时所用又能传诸久远的目的。前边行文中多次出现的"三馆""秘阁"之名，便是北宋的皇家藏书之地。

"三馆"是史馆、昭文馆、集贤院三个官署的合称。始于唐代，北宋初沿袭唐制，仍设三馆。其职责是掌理修史、藏书、校书等事宜。

五代后梁末帝朱瑱掌政时期，也设有三馆。但那时距唐末战乱不远，经济衰颓，民生凋敝，无力顾及三馆的真正建设，只好利用开封长庆门东北的十数间旧有房屋，因陋就简地开设三馆。这十数间旧有房屋，仅能遮蔽风雨，又低矮潮湿；周围是巡行警戒的道路，警卫巡查人员朝夕喧杂，不仅不利于藏书，儒臣受诏在这里进行编纂新书，也因为嘈杂干扰常常另寻他所。至北宋太平兴国初年，太宗赵炅曾视察三馆，看到如此的条件，深有感触地对左右侍从之臣说："若此之陋，岂可以蓄天下图籍，延四方之士邪！"（元马端临《文献通考》卷一百七十四）于是下令丈量左升龙门东北的车路院，别建三馆，并派人督办。至于新建三馆的高低、大小等规模制度，则由太宗亲自规划。太平兴国三年（978）二月，书院落成，美轮美奂，壮丽辉煌，比内廷还讲究。从此，群书有了庋藏之所，太宗十分高兴，对左右侍从诸臣说："宜赐嘉名，以光册府。"并说"其三馆新修书院，宜目为'崇文院'"（出处同上）。于是尽迁旧馆之书于崇文院，使得崇文院插架充楹，琳琅满目。

崇文院的东廊为昭文书库；南廊为集贤书库；西廊按经、史、子、集分为四库，为史馆书库。六库所藏正、副本书籍共八万卷，是国初仅有书籍的八倍。"册府之文，焕乎一变"（出处同上）。

三馆虽已建成，书籍已充楹册府，但广征天下遗书之策并未就此停止，却在太平兴国九年（984）正月，反又下诏三馆，令其比照唐代所编

《开元四部书目》检查缺书，开列书单，广泛购募，"自是四方书籍往往间出"（出处同上），三馆所藏更加丰富。故至太宗端拱元年（988），又在崇文院中堂营建秘阁，将三馆书籍中的正本及内藏的古画、墨宝等更加珍贵的藏品移储其中。这种举动，实际是将图书分成了等级，根据其不同的珍贵程度加以不同的保管和保护。淳化二年（991）五月，又将史馆藏书当中的天文历算、阴阳术数、兵法等类图书五千零一十二卷、天文图画一百四十卷检出，移储于秘阁。并派李至、宋泌、杜镐等加强对秘阁图书的管理。八月，太宗令臣工搞了一次图书展览，并在秘阁赐宴群臣，令他们观赏。看了之后，李至等上言，恭维太宗"运独见之明，下维新之诏，复建秘阁，以藏奇书。总群经之博要，资乙夜之观览，斯实出于宸心，非因臣下之建议也"（《续资治通鉴长编》卷三十一）。这话说得实出肺腑，并非都是曲意恭维。

第四节 《文苑英华》的纂修价值

唐代是中国封建社会发展的鼎盛时期，尤其是在文学方面，更为后世树立了楷模风范。唐代是我国诗歌发展的黄金时代，诗人辈出，诗作辉煌，留给我们今人的诗歌遗产高达五万多首，是其前各代诗歌留存总量的三倍还多。韩愈、柳宗元倡导的古文运动，不仅开创了我国古典散文发展的新天地，并与其后大批作家一道共同完成了文体文风的革新，使散文形式更加丰富多样。历来以采集整理街谈巷议、道听途说、琐记异闻为能事的小说家作品，到唐代也衍化出虚拟故事的文学作品——唐人传奇，为后世小说的发展开辟了新的道路。

赵宋立国之后，不仅在政治体制、典章制度、建国目标上追崇盛唐，在文学上也想达到盛唐的辉煌。可是"是时印本绝少，虽韩、柳、元、白之文，尚未甚传。其他如陈子昂、张九龄、李翱等诸名士文集，世尤罕见"。所以《文苑英华》的"修书官于宗元、居易、权德舆、李商隐、顾云、罗隐辈，或全卷收入"（宋周必大《文苑英华事始》）。这应当就是《文苑英华》收录唐诗唐文占全书百分之九十以上的原因，也是《文苑英华》纂修人员追崇唐代文学的实证，更是《文苑英华》纂修的价值所在。

我们当代人提到某一书某一文，常常分别说有学术价值或文献价值，其实除了纯资料以外，很难说它具备的到底是什么价值。北宋初年纂修的《文苑英华》，由于其时去古未远，那时所能见到并加以选录的各类作品，对后世来说应该是既具备学术价值，也具备文献价值，当然更主要的是文献价值。文献价值也表现在很多方面，可以分为保存价值、辑佚价值、资料价值、校勘价值等。

一、文献保存价值

众所周知，中国的雕版印刷术虽然在初唐就已出现，但在唐代始终未被中央政府正式采纳并成规模地进行刻书，因而使这种技术没能得到及时的推广和普及。书籍的流通主要还是靠手写传抄，这就大大限制了书籍的广泛应用和文献的有效保存。五代从后唐长兴年间开始，政府虽已采纳雕版印刷技术由国子监负责校刻《九经》和《经典释文》等；孟蜀以宰相毌昭裔为首，也组织力量在四川校刻《九经》，还让门人勾中正、孙逢吉等书写《文选》《初学记》《白氏六帖》等上版梓行；南唐刻印过《史通》

和《玉台新咏》；和凝刻过自己的文集；不少人为做功德刻印过佛经、佛像等，但总的看，唐、五代时期，用雕版印刷的方法来制作书籍还不是很普遍。在这种前提之下纂修皇皇巨帙的《文苑英华》，其采用图书的种数之多，选录诗文的范围之广，以及所用传本的可信程度之高，都会为后世提供方方面面的佐证和参考价值。它犹如一个手工编录的海量全文数据库，供后世学者广泛检用。特别当其所录作品的原书后世失传，全靠它才能得以窥见一斑并加以研究者，那就价值更高。南宋洪迈在其《容斋随笔》第五笔卷七《国初书籍》条中说："国初承五季乱离之后，所在书籍印版至少""太平兴国中编次《御览》，引用一千六百九十种，并载于卷首""以今考之，无传者十之七八矣，则是承平百七十年，翻不若极乱之世""诚为可叹"。洪迈所举之例，虽说的是《太平御览》，但《文苑英华》与《太平御览》同时纂修，规模也是一千卷，其所赖以支撑的文献平台也与《太平御览》大体相同，其所保存给南宋人的文献，当不减于《太平御览》。

《四库全书总目》收有《文苑英华》，并写了一篇很长的提要，说是"迄今四五百年，唐代诗集已渐减于旧；文集则《宋志》所著录者殆十不存一。即如李商隐《樊南甲乙集》，久已散佚，今所行本，乃朱鹤龄等全自是书录出"。反映出《文苑英华》固有的文献保存价值。

据《旧唐书·经籍志》著录，从初唐到盛唐前期，唐人别集大约有一百一十种左右，能够基本完整或部分保留下来的只有王绩、骆宾王、王勃、李峤、沈佺期等数家。而我们今天所以还能看到此期其他一些人的作品，也是由于包括《文苑英华》在内的许多文学总集保存的结果。当然，《文苑英华》所保存的文集不只是有唐一代，唐以前文集散佚更加严重，今天所能见到的一百五十余种唐以前的文集，大部分是后人辑佚出来的作品，而辑佚的源泉就包括《文苑英华》。可见《文苑英华》在保存文献方面，其价值确是不容置疑的。

二、文献辑佚价值

前边谈《文苑英华》对文献的保存价值时，已涉及一些辑佚问题，其实辑佚既包括总集和别集整书的辑佚，也包括对文章、诗篇甚至诗句的辑佚。明代张燮所编《七十二家集》三百四十六卷《附录》七十二卷、无名氏编辑的《汉魏诸名家集》二十一种一百二十四卷《附》一种八卷、无名氏编辑的《汉魏六朝诸家文集》二十二种一百二十九卷、张溥编辑的《汉魏六朝百三名家集》一百十八卷，其中许多人别集的再现，或多或少都跟可提供辑佚的《文苑英华》有关。

晚唐徐寅的《探龙》《钓矶》二集，共五卷，《新唐书·艺文志》已不见著录，诸家书目也不见载其名，散佚较早，而《四库全书》所收录的《徐正字诗赋》二卷，《赋》一卷，收赋八篇，诗一卷，收各体诗三百六十八首，就是徐氏后裔从《文苑英华》和《唐音统签》中裒辑出来复又行世的。

清康熙四十四年（1705）三月十九日，康熙帝发下内府所藏《全唐诗稿》，令通政使司通政使曹寅，翰林院侍讲彭定求，编修杨中讷、潘从律、汪士鋐、徐树本、车鼎晋、查嗣瑮，庶吉士俞梅等，合力编辑《全唐诗》。内府所发下的《全唐诗稿》，原为季振宜所编，只有七百一十七卷，而曹寅、彭定求等所编成的《全唐诗》则有九百卷，这当中不少是从《唐音统签》和《文苑英华》中辑集出来的。例如盛唐诗人包融，乃

"吴中四士"之一，《新唐书·艺文志》著录《包融诗》一卷，但其完整诗集后世失传，《全唐诗》收录其诗八首，其中有五首出自《文苑英华》。《全唐诗》卷一百一十四收有《武陵桃源送人》诗一首，只有四句："武陵川径入幽遐，中有鸡犬秦人家，先时见者为谁耶，源水今流桃复花。"《文苑英华》卷三百三十二，则收有这首诗的全文："武陵川径入幽遐，中有鸡犬秦人家，家傍流水多桃花。桃花两边种来久，流水一道何时有。垂条落蕊暗春风，夹岸芳菲至山口。岁岁年年能寂寥，林下青苔日为厚。时有仙鸟来衔花，曾无世人此携手。可怜不知若为名，君任从之多所更。古驿荒桥平路尽，崩湍怪石小溪行。相见维舟登览处，红堤绿岸宛然成。多君此去从仙隐，令人晚节悔营营。"与《全唐诗》所收，不但诗句数量上相差甚远，诗句也有更改。《文苑英华》此诗前收的是王维所写《桃源行》，而在此诗的诗题处注明"同前"二字，在作者处题的是"前人"二字，显然认为此诗为王维所写。令人不可思议的是，《全唐诗》卷一百一十四收了那不知作者的四句诗后，到卷三百一十六又以《桃源行送友》为题，收录了《文苑英华》上述的全诗。而到《全唐诗》卷七百八十六，又以《桃源行送友人》为题全行收录一遍，一再重复，混乱之极。分析《全唐诗》造成如此混乱的原因，就是他们在增辑唐诗时，全信康熙皇帝让他们使用的《唐音统签》，而不注意对《文苑英华》的使用。《唐音统签》是明海盐胡震亨编辑的唐诗总集，用四库馆臣的话说，此书"多所舛漏"，以它为蓝本，补辑《全唐诗》，自然颠舛错乱。除此之外，就是《全唐诗》的增辑者，不知道这首诗的作者为谁，见一处有那么四句，先收下；又见全诗，又不知作者，再收一次。如果到此为止，尚情有可原，第三次再收，除了用"混乱"来形容，别的实在找不出原因。

还可以举出若干例子，进一步阐述《文苑英华》的辑佚价值，那是专题研究所要完成的任务，此不赘述。

三、资料价值

《文苑英华》所收的诗赋文章是按体裁分类的，虽然其分类未必全然妥当，但总体上还是可信的。例如《文苑英华》所选录的序体文中，有五十四篇是文集序。这些文集序，不仅反映了该集作者的身世籍里、仕履行实、诗文特色以及该集的编辑缘起、成书经过、卷帙规模，也能反映出序作者的文学主张和品评角度。清初王士禛对这些文集序颇有褒贬，说："唐人作集序，例序其人之道德功业，如碑版之体；后则历举其文，某篇某篇如何如何，不胜更仆，如独孤、权德舆诸序及《英华》《文粹》所载皆然，千篇一律，殊厌观听。至昌黎始一洗之，若皇甫湜作《顾况集序》，亦能不落窠臼，可以为法。"（清王士禛《香祖笔记》卷六）王士禛批评的所谓"碑版"式，无非是指其内容像是碑铭纪实性文字，程式化地记述作者里籍、科第、仕履、行迹，读来确实缺乏文学韵味，殊不知这种资料价值正是后人所看重的。特别是那些已经散佚的诗文总集或别集，要了解它们的大体情况，其序就显得特别珍贵。如唐顾陶所辑《唐诗类选》二十卷，收唐人诗作一千二百三十二首。此书后来大部分失传，只剩残卷，从残卷中无法了解顾陶当时辑选唐人诗作的尺度标准。《文苑英华》卷七百一十四收有他写于唐宣宗大中十年（856）丙子的《唐诗类选序》及《唐诗类选后序》。顾陶在后序中说："余为《类选》三十年，神思耗竭，不觉老之将至。今大纲已定，勒成一家，庶及生存，免负平昔。若元相国稹、白尚书居易，擅名一时，天下称为'元白'，学者翕翕，号'元和诗'。其家集浩大，不可雕摘，今共无所取，盖微志存焉。所不足于此者，以删定之。"短短几句，使人们知道顾陶辑《唐诗类选》耗去三十年的精力，平均一年只甄选四十首诗，其弃取之慎重，标准之严格可想而知。连元稹、白居易这样大家的诗作都"共无所取"，可知他确有独特的甄选眼光。他虽谦称自己是个"辟远孤儒，有志难就"，去取标准只是"粗随所见"，但却有"微志存焉"。

又如唐《周朴诗集》，乃周朴死后由其僧友栖浩辑得的一百首诗，唐僖宗中和二年（882）由栖浩交给林嵩编辑成集，号《周朴诗集》。《新唐书·艺文志》著录《周朴诗》二卷，《宋史·艺文志》著录《周朴诗》一卷，这两种不同卷帙传本的《周朴诗》均已散佚。《文苑英华》卷七百一十四收有林嵩所撰写的《周朴诗集序》，透过这篇序，我们可以了解周朴的为人，"视富贵如浮云，蔑珪璋如草芥。惟山僧钓叟相与往还，蓬门芦户不庇风雨"。完全是一位安贫乐道的有风骨的诗人。乾符六年（879），黄巢攻入福州，邀其为伍赠官，朴则说"我尚不仕天子，安能从贼"！因而被杀。足见其"宁为玉碎，不为瓦全"的高尚品格。而于诗则反复推敲，不苟成一句。"思迟盈月，方得一联一句，得必惊人""晓来山鸟闹，雨过杏花稀"等佳句，为后人所传诵（此段引文见《文苑英华》所存林嵩所写《周朴诗集序》）。还可以举出若干这样的例子，来说明《文苑英华》所收唐代诗文总集、别集序文的资料价值，恕不赘举。

四、校勘价值

《文苑英华》规模庞大，卷帙浩繁，收录诗文篇幅极富，又编辑时代较早，对后世流行的别集、总集，特别是唐人的别集、总集具有普遍的校勘价值。例如脍炙人口的唐人传奇《枕中记》，与《太平广记》中的《吕翁》，两者虽是一篇文章，但文字出入特别大。《太平广记》与《文苑英华》都纂修于太平兴国年间，《太平广记》成书还早于《文苑英华》。但由于两书在选录这篇文章时，所依据的传本不同，因而文字也就很有差异。文章篇题《文苑英华》叫做《枕中记》，《太平广记》则称为《吕翁》；题下《文苑英华》著录作者是"沈既济"，《太平广记》则未标注作者；文章开头一句，《文苑英华》是"开元七年，道士有吕翁者，得神仙术，行邯郸道中，息邸舍，摄帽驰带，隐囊而坐"；而《太平广记》开头则是"开元十九年，道者吕翁经邯郸道上，邸舍中设榻施席，担囊而坐"。这两个开头，不但文句字数多寡不同，表达出来的意思也有了差别。道士吕翁行走邯郸道上，休憩住宿在邸舍中，既然住下了，自然要脱帽解带，以便宽松解乏。而对自己所带的锦囊当然要隐而收藏，以防丢失。《太平广记》则说道士吕翁在邸舍"设榻施席，担囊而坐"，难道他所住的旅馆连床榻、铺席都没有，还需要道士自己带着床榻、铺席不成！"担囊而坐"，是说将自己的锦囊搭在肩上，以防丢失。显然"担囊"不如"隐囊"更合事理。"设榻施席"紧接"担囊而坐"，不如"摄帽驰带，隐囊而坐"更合情理。

接下来是吕翁与邑中少年卢生的一段对话：《文苑英华》中写"卢生顾其衣装敝褒，乃长叹息曰：'大丈夫生世不谐，困如是也。'翁曰：'观子形体，无苦无恙，谈谐方适，而叹其困者何也？'生曰：'吾此苟生耳，何适之谓？'翁曰：'此不谓适而何谓适。'"《太平广记》的文字则是"卢生顾其衣装敝褒，乃叹曰：'大丈夫生世不谐而困如是乎！'翁曰：'观子肤极腴，体胖无恙，谈谐方适，而叹其困者何也？'生曰：

'吾此苟生耳，何适之为？'翁曰：'此而不适而何为适？'"两者不仅
文字多寡不同，意思也不完全一样。"大丈夫生世不谐，困如是也"，这
是个判断句，是说自己由于不能与世相谐，所以穷困潦倒。而《太平广
记》则成了疑问句，生乃叹曰："大丈夫生世不谐而困如是乎？"是说难
道是因为吾与世不谐而才如此穷困潦倒吗？变成了卢生自己问自己的疑问
句式，不是斩钉截铁的因果判断。"生曰：'吾此苟生耳，何适之为？'
翁曰：'此不适而何为适？'"这两个"为"字明显的不如《文苑英华》
的那两个"谓"字更好。其后边的文字，两者仍是差异悬殊，不能尽举。
《文苑英华》与《太平广记》在这篇文章中之所以有如此大的文字差异，
就是因为两书收录此篇时所据传本不同，两相比较，似乎是《文苑英华》
更好一些，更接近文学作品的情节和意境。

　　《文苑英华》的校勘价值，不仅在《枕中记》中表现出了它的优胜之
处，在其他很多唐人别集中，同样显示出了它的校勘意义。朱熹《韩文考
异》十卷，开初与《朱文公校昌黎先生文集》各自单行。《韩文考异》
要突出表现的是韩愈文章中某句在文字上与别本的差异，因此只标有考
正的文句，而将考异的注文夹注在所引那句正文之下，用者不便。宋王伯
大则将朱熹考异之文散入各相关文句之下，称为《别本韩文考异》，读者
称便。就在这部书的《补遗》中有一首诗叫《春雪》，题下小字标注"方
云此诗得于《文苑英华》"，即是说韩愈此诗是从《文苑英华》中增补而
来。"方"指方崧卿，方崧卿有《韩集举正》，为朱熹校注《昌黎先生文
集》时所引用。由此可见，方崧卿作《韩集举正》时即采用了《文苑英
华》。朱熹给韩文作补遗时能增补《春雪》一诗，则来自方崧卿《韩集举
正》，认同《文苑英华》为此诗的原出处。《别本韩文考异》的《外集》

卷一收有《赠崔立之》诗一首，诗题下亦标注"此篇方从《文苑》"，也证明此诗源于《文苑英华》。

《文苑英华》卷三百零八收有李白《秋夜独坐怀古》诗一首，其中"牢落暝霞色，微茫旧壑情，秋山绿萝月，今夕为谁明"，诗句中的"牢落"一词的"牢"字之下标注"集作寥"，是说时传的李白《文集》"牢"作"寥"，其实"牢落"与"寥落"都是稀疏之意，而"牢落"一词的出现可能比"寥落"更早。《文苑英华》用"牢落"可能更接近古意，比李白《文集》作"寥落"似更好。至于这首诗的诗题，南宋周必大校理《文苑英华》时有个后案，说是"此诗《集》以《怀故山》为题，语亦相应。今《英华》作《怀古》，故入此门，恐误"。"怀古"，题与诗确不太相应；作"怀故山"诗、题之间亦不太相谐，读者可以意会判断。

《文苑英华》卷二百六十二收有李白《代佳人寄翁参枢先辈》一诗，周必大后案称："此诗《总目》及李《集》皆不载，惟《英华》诸本有之"。这里的《总目》指《崇文总目》，李《集》指李白《文集》。两者皆不载的诗篇，《文苑英华》中有之，很值得考证。

唐平州卢龙（今属河北）人田在宾，曾在唐宣宗李忱大中年间（847—859）任雅州（今属四川）刺史三年，他在那里对南诏蛮事调理得很好，曾与孙樵谈及这方面的边务，故孙樵写有《书田将军边事》一文，收在他自己的《孙可之文集》和姚铉编辑的《唐文粹》中。文中说蜀人认为"西戎尚可，南蛮残我"，然自南康公凿通青溪道以和群蛮，使群蛮可以经蜀而进贡。同时挑选群蛮子弟聚于成都，令他们学习文化，足业即回，五十年间不绝其来，前后来者不啻千百。这些人熟知巴蜀的风土人情及山川险要。"文皇帝三年，南蛮果能大入成都，门其三门，四日而旋"

文句之后，南宋彭叔夏《文苑英华辨证》卷九有一段校语："大入成都，门其三门，作两句读，而《文粹》《集》本乃削'其三门'三字，止云大入成都门，遂不成语，赖《英华》可证其非"。显出了《文苑英华》文字上的优胜之处。南蛮"大入成都，门其三门"，意思应该是群蛮攻入成都，打开了三座大门。"门其三门"句中的头一个"门"字，当是名词动用，即打开之意。《孙可之文集》及《唐文粹》之所以省去"其三门"三字，是未读懂文意，于是削去三字，将第一个"门"字上属，于是就变成了"大入成都门"。以上诸例足见《文苑英华》的校勘价值。至若明、清人，如王嗣奭、胡震亨、钱谦益、仇兆鳌、王琦等校注李、杜诗时，都从《文苑英华》中获取不少的校勘依据。

　　清人耿文光一生喜爱藏书、读书，并编有《万卷精华楼藏书记》，他在该书卷一百三十四著录《文苑英华》时，引证清人赵怀玉《亦有生斋文钞》的话说："《文苑英华》有三善：唐人文字足本颇少，可以补遗，一也；与本集互有异同，可资校勘，二也；去古未远，体例赅备，可以取法，三也。"这"三善"之说虽是对《文苑英华》价值的确评，但还丢掉了一个最重要的"善"，那就是由于它的纂修，为后世保存了大量的文学文献，特别是唐代的文学文献。而正是由于这些文献的保存，才衍生出它的补遗、辑佚、校勘等价值。所以《文苑英华》不是仅有"三善"，而是"四善"，甚至还有更多方面的价值。这便是仁者见仁，智者见智。

第五节 《文苑英华》的纂修缺点

中国封建社会官修的皇皇巨帙，历来成功者少。推其原因大概不过是急功近利，急于求成；缺乏严格的编纂条例和行之有效的取舍标准；集体编修、多人参与、各行其是，谁也不负责任等。《文苑英华》的纂修缺点正是这三者交互作用的产物。

历史上对《文苑英华》纂修缺点最有发言权的人有两个：一个是周必大，一个是彭叔夏。周必大是最后校理《文苑英华》并将之镂版行世的人；彭叔夏是由周必大安排对《文苑英华》进行全书通校的人。他们所指出的缺点错误大多言之有据，论证确凿。

周必大在他的《文苑英华事始》中说："元修书时，历年颇多，非出一手；丛脞重复，首尾衡绝；一诗或析为二，二诗或合为一；姓氏差互，先后颠倒，不可胜计。"

彭叔夏则在他的《文苑英华辨证》序中说："《文苑英华》一千卷，字画鱼鲁，编次混淆，比他书尤甚。"

两人一个是宏观概括，一个是具体而言。周必大从宏观上概括《文苑英华》的缺点有三：一是细碎重出，前后不能照应；二是将一诗拆分为二，或是将二诗合并为一；三是姓氏互错，张冠李戴。而出现这些问题的原因，一是《文苑英华》纂修的时间太长，二是参与纂修的人手众多。

彭叔夏字清卿，庐陵（今江西吉安）人。南宋光宗绍熙三年（1192）举人，四年（1193）陈亮榜乡贡进士，与周必大是同乡。周必大致仕回籍，求别本校理《文苑英华》，"与士友详议"，这位"士友"主要指的就是彭叔夏。彭叔夏受命通校《文苑英华》，考订商榷，用功最多。而校勘所得，都分散在《文苑英华》各相关文句之下，"览者难遍""因荟粹其说，以类而分，各举数端……勒成十卷，名曰《文苑英华辨证》"（宋彭叔夏《文苑英华辨证原序》）。

彭叔夏《文苑英华辨证》将《文苑英华》所存在的问题分为用字、用韵、事证、事误、事疑、人名、官爵、郡县、年月、名氏、题目、门类、脱文、同异、离合、避讳、异域、鸟兽、草木、杂录，凡二十类，每类都举出具体例子加以考辨。下面就从中摘出一些实例，来阐述《文苑英华》的一些编纂缺点。

一、篇题讹误　类归不当

唐代张说《三月二十日诏宴乐游园》诗，《文苑英华》将诗题误为《三月三日承恩宴乐游园》，并将其归入上巳门。彭叔夏据当时流传的《张燕公集》谓"《集》作二十日"，且引其中"旬宴美成功"诗句，指出"非三日矣，乃题作三日，编入上巳门"之误。考"上巳"，通指农历每月上旬的巳日。三月的上巳，是古代的节日，汉代以前的上巳必取巳日，但不一定是三月初三。魏晋以后通常习用三月初三，但不一定是巳日。《文苑英华》的编录者，首先是误录诗题，然后又将三月初三死定为"上巳"，故类分失当。彭叔夏之所以敢校改此诗诗题，是因为诗中有"旬宴美成功"之句。古时以十天为一旬，臣工实行旬休制度。古天子乃赐群臣十日宴，称为旬宴。既有"旬宴美成功"诗句，当然不会是"三月三日"，而应当是"三月二十日"，即第二个旬休日。并将该诗从"上巳"门移至卷一百七十二的相应门中。不仅如此，《文苑英华》还将诗中"乐游形胜地"的"地"字误为"绝"；"北阙连天顶"的"天"字，

《英华》作"云"，彭叔夏校勘时一一予以指出。

唐代诗人李益有《宫怨》诗，云："露湿晴花春殿香，月明歌吹在昭阳，似将海水添宫漏，共滴长门一夜长。"明明写的是宫怨，《文苑英华》却将其诗题误作《宫怨花》，归类于"杂花门"。这绝对是粗心酿成的错误，只要将诗读一遍，就能判断《宫怨花》的诗题与诗的内容大相径庭，明明写的是宫怨，怎么会变成《宫怨花》！

《文苑英华》卷七百六十一《庙乐门》有一篇文章的篇题是《定宗庙乐议》二首，第一篇署名颜师古，第二篇署名许敬宗。其实《文苑英华》第一篇的篇题原为《太宗庙乐舞名议》，彭叔夏认为此题有误，故动手删改。原因是唐初下诏讨论宗庙乐舞规格名称之议，乃在太宗李世民朝，怎么可能还在李世民在位时就讨论规定太宗庙乐舞之名呢？所以彭叔夏判断此题应是《定宗庙乐舞名议》，因而也就将《文苑英华》中这一篇的篇题改成了《定宗庙乐议》。如此改定，大体不错，但事情的始末由来并未交代清楚。

《通典》卷一百四十七载："大唐贞观十四年六月，诏曰：'殷荐祖考，以崇功德，比虽加诚洁，而庙乐未称，宜令所司详诸故实，制定奏闻。'秘书监颜师古议曰：'伏惟皇祖弘农府君、宣简公、懿王并积德累仁，重光袭轨……三庙之乐请同奏长发之舞，其登歌则各为辞……'给事中许敬宗议曰：'皇祖弘农府君、宣简公、懿王庙乐请同奏长发之舞；太祖景皇帝庙乐请奏永锡之舞；代祖元皇帝庙乐请奏大有之舞；高祖大武皇帝庙乐请奏大明之舞；文德皇后庙乐请奏光大之舞。七庙登歌请每室别奏。'诏曰：'可。'"《唐会要》卷三十二也有同样的记载。表明讨论议定宗庙乐舞之名，确实发生在唐太宗李世民贞观十四年（640）六月。《文苑英华》收录此议时本无篇题，而是自拟了篇题之名，叫做《太宗庙乐舞名议》。彭叔夏认为如此定名为非，于是动手改成《定宗庙乐议》。彭氏所改固无不可，但从题目上仍然看不清是什么时候的《定宗庙乐议》，未能将背景交代清楚。从《大唐六典》和《唐会要》所记载的全文看，若能改成唐太宗《诏定宗庙乐舞名称议》，则更能概括这段历史事实，题与文之间也更加协调，表意更加明确。

《文苑英华》原收有杜甫《病马》诗二首，其中"致此自辟远，又非珠玉装，如何有奇怪，每夜吐光芒。虎气必腾上，龙身宁久藏，风尘苦未息，持汝奉明王"一首，是杜甫的诗，但绝非《病马》诗，而是《蕃剑》诗。"弃汝（一作乘尔）亦已久，天寒关塞深，尘中老尽力，岁晚病伤心。毛骨岂殊众，驯良犹至今，物微意不浅，感动一沉吟"一首，才是杜甫的《病马》诗。《文苑英华》的纂修官们，竟能将咏剑内容的诗放在《病马》题下，粗率得十分荒唐。彭叔夏已将其中的《蕃剑》诗删除，将《病马》诗录在《文苑英华》的卷三百三十。

《文苑英华》卷二百三十五收有唐代李嘉祐两首诗，诗题均作《奉陪韦润州游鹤林寺》，其中"沴气清金虎，兵威壮铁冠，扬旌川色暝（一作暗），吹角水风寒。人对辕轩醉，花看睥睨残，羡归丞相府（集作阁），空望旧门阑"一首，乃李嘉祐《润州阳别驾宅送蒋侍御收兵归扬州》诗，而《文苑英华》硬是将其归并到《奉陪韦润州游鹤林寺》诗题之下，与"野寺江城近，双旌五马过，禅心超忍辱，梵语问多罗。松竹闲僧老，云烟晚日多（集作和），寒塘归路转，清磬隔微波"一诗并录在一起，实是既粗心又误会。为此，彭叔夏煞费苦心，不仅更正了题目，还将前一首归并到《文苑英华》卷二百七十一《送行门》中，而将《奉陪韦润州游鹤林寺》移入《文苑英华》卷二百三十五《寺院门》。还可以举出很多这种文不对题或题不对文的例子，足见《文苑英华》在纂修上的草率与不负责任。幸有周必大在上版刻印此书之前，特地委托彭叔夏通篇校理，做出必要的更正和梳理，才使此书有了行世的资格。

二、门类混淆　类归混乱

分类是人类对事物全面深刻认识之后的结果，类例明确类归才会准确。类例本身若不明确，说明立类者对这方面事物的认识还不深刻，类归的内容自然就要混乱失当。《文苑英华》在分门别类上就存在不少这样的问题。

例如，南朝梁简文帝萧纲《登琴台》诗："芜阶践昔径，复想鸣琴游，音容万春罢，高名千载留。弱枝生古树，旧石染新流，由来递相叹，逝川终不收。"北周明帝宇文毓《过旧宫》诗："玉烛调秋气，金舆历旧宫，还如过白水，更似入新丰。秋潭渍晚菊，寒井落疏桐，举杯延故老，今闻歌大风。"这两首诗同被收录在《文苑英华》卷一百七十四《应制门》中，显得十分不恰当。所谓应制，通指应皇帝之命而创作的诗文，常常是首列一篇，余皆奉和。此处的梁简文帝只是沿着长满杂草的往昔小路登上琴台，边走边想，边走边看，怀旧伤感而写下上述诗句。他没有令人步韵奉和，根本谈不上是应制之作。

北周明帝《过旧宫》诗，是描述其在秋风落叶的时空中车驾来到旧宫，见到晚菊浸渍在秋水，桐叶飘落到寒井之内，好不凄凉，故有感而发，写下上述诗篇。根本谈不上什么应制之作，也没有要求别人奉和。也被《文苑英华》收录在卷一百七十四《应制门》中，没有任何道理。

多亏有彭叔夏通校此书，将梁简文帝《登琴台》一诗，移入《文苑英华》卷三百一十三台门类。可是北周明帝《过旧宫》诗却仍留在该书的卷一百七十四《应制门》中，仍属不妥。

又如，《文苑英华》卷二百零四收录唐代诗人崔国辅《长信宫》诗一首，王昌龄《长信宫》诗二首。崔诗曰："长信宫中草，年年愁处生，为侵珠履迹，不使玉阶行。"王诗曰："金井梧桐秋叶黄，珠帘不卷夜来霜，薰笼玉枕无颜色，卧听南宫清漏长"；"奉帚平明秋殿开，且将团扇共徘徊，玉颜不及寒鸦色，犹带昭阳日影来。"这三首诗《文苑英华》原来都归入《长门怨》题下，乃是将《长信宫》误解为《长门怨》所致。

按《长门怨》，乃写西汉武帝陈皇后失宠被打入长门宫之后十年事。汉武帝为胶东王时，窦太后的女儿长公主嫖与丈夫陈午生有一女，要将女儿许配给武帝为妻，景帝不许。后来长公主携女还宫省亲，武帝也已有几岁，长公主将武帝抱置膝上，问他说儿呀，你想要媳妇否，于是手指长侍奉在左右的百余人，武帝皆说不用。最后指着自己的女儿，问武帝"阿娇好不好"，武帝则笑答"好"，并说："若得阿娇作妇，当作金屋贮之。"于是长公主乃苦苦要求景帝答应，遂与武帝成婚，是为陈皇后。婚后，擅宠娇贵十几年，但膝下无子。而此时卫皇后子夫得宠，陈嫉妒陷害多次，惹得武帝大怒。后又为巫蛊，陷大逆不道罪，终在元光五年（前130）被废居长门宫。后人所作的《长门怨》诗，都是写这位陈皇后的。

而《长信宫》是写班婕妤的。班婕妤，今山西朔县人，是西汉有名的才女。汉成帝初被选入宫，开始只为少使，后深受宠幸，且为帝生下一子，惜数月而卒，宠幸大失。其时又有赵飞燕与其争宠诬陷，受到拷问。多亏婕妤辨罪得体，免为一死。婕妤看出大势已去，遂提出到长信宫去侍奉太后，帝许之。婕妤于是作赋，以自伤悼。因知长门宫与长信宫完全是不同时期不同人物的不同事迹。唐沈佺期"飞燕恃宠昭阳殿，班姬饮恨长信宫"，分得十分清楚。可《文苑英华》的编纂者们竟混淆两者的区别，将写班婕妤的《长信宫》之诗，归入《长门怨》诗题之下，实在是门类混淆，荒唐失当。幸有彭叔夏予以校正，否则确失体统。

三、脱文错简　割裂诗句

《文苑英华》在收录前人诗篇时，不知是所据底本有误，还是收录时粗心大意，常常出现脱文错简，割裂诗句等现象。若没有周必大、彭叔夏等在付梓前的悉心校理，原本文字简直不可卒读。

例如，梁简文帝的《初秋》诗："羽翣晨犹动，珠汗昼恒挥，秋风忽嫋嫋，向夕引凉归。浮阴即染浪，清气始乘衣，卷幌通河色，开窗引月晖。晚花阑下照，疏萤簟上飞，直置犹如此，何况送将归。"《文苑英华》原缺"浮阴即染浪，清气始乘衣"两句，彭叔夏等校理时据《艺文类聚》加以增补，但补在了诗篇的最后。今检《艺文类聚》卷三，这两句则紧接在"向夕引凉归"之后，"卷幌通河色"之前。《古诗纪》《古诗镜》《汉魏六朝百三家集》等，这两句诗所居的位置，也都与《艺文类聚》同。从意境上玩味，居此似乎更连贯。《文苑英华》则不但脱文，而且同时错简。

南朝刘孝绰有《对雪咏怀》诗："桂华殊皎皎，柳絮亦霏霏。讵比咸池曲，飘飘千里飞。耻均班女扇，羞俪曹人衣。浮光乱粉壁，积照朗彤闱。鹡鸰摇羽至，鹎鶋拂翅归。相彼犹自得，嗟予独有违。终朝守玉署，方夜劳石扉。未能奏缃绮，何由辨国闱。坐销风露质，游联珠璧辉。偶怀笨车是，良知高盖非。寄言谢端木，无为陈巧机。"这首诗的诗题，《古诗纪》《汉魏六朝百三家集》均作《校书秘书省对雪咏怀》，《文苑英华》则只题作《对雪咏怀》。《文苑英华》此篇录自《初学记》，而《初学记》只有前八句，《文苑英华》亦随之仅有前八句。其实《艺文类聚》也只有前八句。《初学记》《艺文类聚》都是唐代的类书，类书通常只是摘抄，缺胳膊短腿，在所难免，《文苑英华》则不应以类书为据，随之脱文短字。其实在《文苑英华》纂修之时，刘孝绰的集子应当世有传本，明张燮所编《七十二家集》、张溥所编《汉魏六朝百三名家集》都还收有刘孝绰的《刘秘书集》，明朝人辑集汉魏六朝人诗文集时都还能见到刘孝绰的集子，《文苑英华》纂修人员身处北宋初期，不可能见不到。只是工作中图省事，不愿多去核查，所以造成脱文达十四句七十字之多，而且至今还只是那八句。

南朝宋吴迈远拟乐府《飞来双白鹄》诗："可怜双白鹤，双双绝尘氛，连翩弄光景，交颈游（《文苑英华》作想）青云。逢罗复逢缴，雌雄一旦分，哀声流海曲，孤叫出江渍。岂不慕前侣，为尔不及群，步步一零泪，千里犹待君。乐哉新相知，悲来生别离，持此百年命，共逐寸阴移，譬如空山草，零落心自知。"《文苑英华》收此诗时将"千里犹待君"中的"千里"与"共逐寸阴移"相拼接，成"千里犹寸移"句，使人感觉不知所云。这种割裂诗句的做法，不应该是有意，但绝对是疏忽和不负责任。不仅如此，《文苑英华》在割裂诗句的同时，还将"乐哉新相知，悲矣生别离，恃此百年命，共逐寸阴移"四句丢掉，又造成二十字的脱文。使这首感人的乐府诗，几乎念不成句。其实只要多翻翻有关的书，这样的差错就可以避免。如南朝陈徐陵所辑《玉台新咏》卷四，收有吴迈远《拟乐府》四首，其中第一首便是《飞来双白鹄》。其诗首尾俱全，抄来便是。不知《文苑英华》当年据何书而录此诗，造成这么大的差错。幸有周必大、彭叔夏等悉心校理，才纠正了《文苑英华》原本之误，使今本得有全诗。

《文苑英华》卷四百四十七收有徐陵《册陈王九锡文》，其中有"乱离永久，群盗孔多，浙右凶渠，连兵构逆，岂止千兵五校、白雀黄龙而已哉！公以中军无率，选是亲贤，姦寇途穷，灌然冰泮"一段文字，《文苑英华》收录时，不用《陈书》而用《南史》，造成"岂止"至"途穷"二十七字缺脱，又不知何据加进了"势穷力蹙"四字。仁寿三年（603）隋文帝杨坚下求贤诏，凡五百多字，《文苑英华》收录该诏，却只有"庶正为怀"以下一百余字，脱掉三百多字。凡此种种，不一而足。

四、一诗拆为二　二诗合为一

南朝梁武帝作《白铜鞮歌》（又作《襄阳踏铜蹄》）共三首，其一云："陌头征人去，闺中女下机，含情不能言，送别沾罗衣。"其二云："草树非一香，花叶百种色，寄语故人情，知我心相忆。"其三云："龙门（一作马）紫金鞍，翠眊白玉羁，照耀双阙下，知是襄阳儿。"这三首乐府诗写于一时，意韵连贯。《文苑英华》收录时，首先将三首拆开，然后再将前两首合二而一，并增加"襄阳白铜蹄，圣德应乾来"为首句。张冠李戴，乱合乱分。

按《隋书·乐志》记载，梁武帝之在雍镇，有童谣云"襄阳白铜蹄，反缚扬州儿"。待到梁武帝兴师，实以铁骑，扬州之士皆束手被缚，果应谣言，因而在即位之后，更造新声，亲自为之作词三曲，也就是前边所引的那三首乐府诗。梁武帝作此诗之后，又令沈约合诗三首，其一云："分手桃林岸，望别岘山头，若欲寄音信，汉水向东流。"其二云："生长宛水上，从事襄阳城，一朝遇神武，奋翼起先鸣。"其三云："蹀鞢飞尘起，左右自生光，男儿得富贵，何必在归乡。"《乐府诗集》在收录梁武帝三诗及沈约和诗时，于诗前有一篇小序，说沈约"又作其和云'襄阳白铜蹄，圣德应乾来'"，《文苑英华》收录时不问青红皂白，硬是将这两句加在梁武帝前两首诗的前边，弄得不伦不类，不可卒读。幸有周必大、彭叔夏他们深入校理，才得以纠正。

唐代诗人元稹有《西斋小松》诗二首，其一云："松树短于我，清风亦已多，况乃枝上雪，动摇微月波。幽姿得闲地，讵感岁蹉跎，但恐厦终构，藉君当奈何。"其二云："簇簇枝新黄，纤纤攒素指，柔苤渐依条，短莎还半委。清风日夜高，凌云竟何已，千岁盘老龙，修麟自兹始。"这两首诗用韵既不同，又两次出现"清风"一语，若是一首诗，不可能如此变韵，且两次出现"清风"，可以断定这是两首诗。今检《元氏长庆集》，确作两首。《文苑英华》收此诗时，将两者合二而一。

五、当讳不讳 不讳反讳

避讳是中国古代社会特有的现象，大约起于周，成于秦，盛行于唐宋，至清代更趋严密。因孔丘、皇帝之名而避讳者，称为"国讳"或"公讳"；因已故君主之名而避讳者，称为"庙讳"；因家族尊长之名而避讳者，称为"家讳"。避讳方式有改姓氏、改名字、改地名、改官名、改物名、改书名、改干支名、改药名等，宋代及其以后，"缺笔讳"是常见方式。这个问题在封建社会十分严肃，官员犯讳，可丢官、受罚乃至判刑；

举子犯讳则会名落孙山。唐朝诗人李贺，因回避家父嫌名之讳而不能考进士。诸如此类，不一而足。所以避讳在中国封建社会简直成了一种严酷的礼法，时刻在检验人们对讳法的态度和遵守程度。《文苑英华》在录文中，该讳而不讳，不该讳而行避讳的地方不少。如：唐代许敬宗的《举贤良诏》说："门下高明之天，资星辰以丽象；博厚之地，借山川以成形，况于帝王体元立极，临御万物，字养生民（民一作灵）者乎！所以致治（治一作政）之君，远谗佞，近忠良，屈己以伸人，故能成其治；为乱之主，亲不肖，疏贤臣，虐下以恣情，用能成其乱。明君遵彼而兴国，暗主行此而亡身……所以御朽临冰，铭心自戒，宵兴盱食，侧席思贤，庶欲博访丘园，搜采英俊，弼我王道臻于太平（太平一作化焉）。可令天下诸州明扬侧陋，所部之内不限吏民（民一作人）……"

其中"字养生民"之"民"字，《唐大诏令集》则改"民"为"灵"；"所部之内不限吏民"之"民"字，《唐大诏令集》则改"民"为"人"。其实这是后人追改，以示回避唐太宗李世民的名讳。《文苑英华》不知据何，也照改"民"为"灵"为"人"，这实在是不知讳法中"二名不偏讳"的规定，至少在唐代还是如此。所谓"二名不偏讳"，是指皇帝之名若是二字，则二字不全讳。李世民的名讳常是改"世"为"代"，而对当中的"民"字则不再回避。清阮元考证这个"偏"字是笔误，实际当为"徧"字，"徧"即"遍"之别写，也就是说"二名不徧讳"。但因此字讹误已久，所以"二名不偏讳"便以讹传讹，长期行用开来。《唐大诏令集》乃北宋宋敏求在其父宋绶的辑本基础上编辑起来的，但宋绶是北宋仁宗时人，其辑本《唐大诏令集》，太平兴国编纂《文苑英华》时不可能先行使用，所以《文苑英华》改"民"为"灵"为"人"，当另有所据，但不管据何书而来，都是未注意或不懂"二名不徧讳"的礼俗，都是错误的。

其中"所以致治之君"中的"治"字，《唐大诏令集》则改"治"作"理"，也有改"治"为"化"为"政"的，这又忽略了历史事实。唐高宗名李治，但许敬宗起草《举贤诏》时，是在唐太宗李世民贞观二十一年（647）的六月，距高宗李治即位称帝尚差三年，不可能提前三年先回避李治的名讳。可是《文苑英华》都随改了，显然也是错误的。这就属于不该避讳而行讳了。幸在周必大、彭叔夏校理时，一一作了修改。

又如《文苑英华》卷一百六十七收录新罗王真德所作《织锦太平诗》："大唐开洪业，巍巍皇猷昌，止戈戎衣定，修文继百王。统天崇雨施，治物体含章。深仁偕日月，抚运迈时康……"到今天为止，《文苑英华》仍然是"治物体含章"。

按：唐时的新罗，西接百济，北邻高丽，彼此间常相攻伐。新罗王金真平，隋文帝时授上开府、乐浪郡公、新罗王。唐太祖李渊、唐太宗李世民时，都曾遣使来朝。贞观五年（631）又遣使来朝，并献女乐二人，太宗念其远离海东，必思乡念亲，于是又交付使者，听其还乡。而就在这一年，金真平谢世，无子，立其女善德为王。贞观九年（635），朝廷遣使册封善德为柱国、乐浪郡王、新罗王。贞观十七年（643），百济、高丽、新罗又相攻掠，世态不宁。贞观二十一年（647）善德卒，又立其妹真德为王，朝廷加授柱国、乐浪郡王。高宗李治永徽元年（650），真德大破百济之众，于是遣其弟子法敏特地来唐报闻，同时还织锦作五言《太平颂》以献之。真德王这首《织锦太平诗》收录在《旧唐书》卷一百九十九《新罗国传》中。事既发生在高宗永徽元年，则诗内"治物体含章"的"治"字应当于以回避，因为这是高宗李治的御名。今检《旧唐书》《太平御览》《册府元龟》《唐诗品汇》《全唐诗》等，都将"治物体含章"改成了"理物体含章"。惟《新唐书》仍为"治"字，这可以理解，因为《新唐书》修撰时，早已不用回避唐讳了。《文苑英华》不知据何仍用"治"字，属该避而未避的例证。

六、收录其文　杂乱讹误

《文苑英华》卷四十一收录《述圣赋序》一篇，又收《述圣赋》一篇。序文之下注明"太宗御制序"，而《述圣赋》之下则作者缺佚。考《旧唐书》卷一百九十《谢偃传》，谓："谢偃，卫县人也。本姓直勒氏，祖孝政北齐散骑常侍，改姓谢氏……贞观初应诏对策及第，历高陵主簿。十一年驾幸东都，谷洛泛溢洛阳宫，诏求直谏之士。偃上封事，极言得失，太宗称善，引为弘文馆直学士，拜魏王府功曹。偃尝为尘、影二赋，甚工，太宗闻而诏见，自制赋序，言区宇乂安，功德茂盛，令其为赋。偃奉诏撰成，名曰《述圣赋》。"可知《述圣赋》的作者是谢偃。可是自《文苑英华》缺佚作者以降，明代王志庆所编的《古俪府》，清代的《御定渊鉴类函》《御定历代赋汇》等均随之而缺，这大概都是受到了《文苑英华》的影响。其实只要一翻检《旧唐书》，其作者问题就会迎刃而解。

又如《文苑英华》卷九十七所录隋炀帝萧皇后之《述志赋》，曰："帝每游幸，后常不随从。时复见帝失德心，知不敢措言，因为《述志赋》以自寄。"此为《述志赋》前边的小序，短短二十九字中，就有几处文字上有差异。《隋书》卷三十六所录则曰："帝每游幸，后未尝不随从，时后见帝失德心，知不可，不敢厝言，因为《述志赋》以自寄。"皇帝游幸，"后常不随从"，不符合常情。皇后若是经常不去，随从女眷就没了母仪之范，皇帝也会心生疑惑，所以"常不随从"不合事务情节，不如"未尝不随从"更合事理。"时复见帝失德心，知不敢措言"，亦不如《隋书》"时后见帝失德心，知不可，不敢厝言"更合情理。萧后在从驾隋炀帝游幸过程中，见其骄奢淫逸，挥霍无度，劳民伤财，渐失德心，明知其这样做是不可以的，但又知其不可谏改，不敢措言，所以才作《述志赋》自寄情怀。比"时复见帝失德心，知不敢措言"，乃作《述志赋》更合乎情理，更符合萧后复杂的心理活动。《文苑英华》不知从何处收录此文，却悬置《隋书》而不用，遂造成许多文字上的差异，令文意歧生。赋中还有多处文字与《隋书》不同，多应以《隋书》为是，谅不赘举。

《文苑英华》卷二百八十八收录唐代诗人张籍《苏州江岸留别乐天》诗："银泥裙映锦障泥，画舸停桡马簇蹄，清管曲终鹦鹉语，红旆影动骓骝嘶。渐消酒色朱颜浅，欲语离情翠黛低，莫忘使君吟咏处，汝坟湖北武丘西。"此诗《文苑英华》编纂时，张籍自己的文集失载，反载在《白氏长庆集》卷二十四和《白香山诗集》卷二十七，题目都是《武丘寺路宴留别诸妓》。诗中"汝坟湖"作"女坟湖"。彭叔夏《文苑英华辨证》卷九说"女坟乃虎丘寺真娘墓也"。按：《文苑英华》作"汝坟湖"既错，彭叔夏《辨证》虽指出"汝"作"女"，但说是"虎丘寺真娘墓"亦非。考《太平寰宇记》卷九十一《女坟湖》条下曰："《吴地》云'吴王葬女，取土成湖'。又《郡国志》云'三女坟在郭西，云阖闾食蒸鱼，尝半而与女，女怒自杀，阖闾痛之，葬于国西阊门外。文石为椁，金鼎玉杯，银罇珠襦，悉以送女'……又云'以水绕坟，因曰女坟湖'。"《太平御览》《春秋战国异辞》等书所记，与此大同。由此可知，《文苑英华》作"汝坟"绝误，彭叔夏之辨证亦讹。

　　还可以举出更多事例，来指正《文苑英华》编纂上的缺点错误，但目的都是一个，就是要说明历史上官修大书很少有成功的。原因就是皇帝急功近利，急于求成；官员揣度圣意，迎合圣情，敷衍了事，金玉其外，应付局面，所以办不出漂亮事情。《文苑英华》修成进献时，虽受到太宗皇帝表彰，并对与修官员奖赐有差，实际上交付史馆之后，就被发现质量上有问题而被搁置，并引发其后多次校理而始成的后果。

第三章 《文苑英华》的三次校理

太祖、太宗推行并确立的"崇文抑武"基本国策，到真宗时继续完善和充实，修书活动也仍在继续进行中，景德二年（1005）诏修的《册府元龟》一千卷，便是重要的文事活动之一。不仅如此，对前代诏修的《文苑英华》也做出了校理的部署。

第一节 《文苑英华》的第一次校理

据《宋会要辑稿》第五十五册"勘书"条记载："景德四年（1007）八月，诏三馆、秘阁、直馆校理分校《文苑英华》、李善《文选》，摹印颁行。"雍熙三年（986）十二月纂修完成并进呈的《文苑英华》，二十年后的景德四年八月为什么要重行加以校理，原因就是"《文苑英华》所编次未精，遂令文臣择古贤文章，重加编录，芟繁补阙换易之，卷数如旧"。其实，真宗部署校理《文苑英华》尚不仅仅是因为其"编次未精"，还有一个重要原因就是那时学者缺书可读，难以成为淹洽之士，因而匆忙编书，以飨读者。王应麟《玉海》卷五十四"雍熙文苑英华"条下小字注文称："景德中，上谓宰臣曰：'今方患学者少书诵读，不能广博。《文苑英华》先帝缵次，当择馆阁文学之士校正，与李善《文选》并镂板颁布，庶有益于学者。'"说的正是这一历史事实。

这次校理，做了四方面的工作：一是"芟繁"，就是将那些过于繁琐而又水平不高的诗文删去；二是"补阙"，就是将当年编选时应收而未予收录的诗文补充进来；三是"换易"，就是重新选录一些水平更高的诗文替换那些水平偏低的拙作；四是"重加编录"，就是对芟繁、补阙、更换之后的全部诗文按照各自应属的门类重新加以编排。而总原则是"卷数如旧"，即仍是一千卷。这四方面的工作难度不小，量也很大，前后花费了两年多的时间，梳理才算告竣。真宗对此还是不太放心，所以到大中祥符二年（1009），"又令工部侍郎张秉、给事中薛映、龙图阁待制戚纶、陈彭年校之"（《宋会要辑稿》第五十五册"勘书"条）。王应麟《玉海》卷五十四"雍熙文苑英华"条亦说："祥符二年十月己亥，命石待问校勘。十二月辛未，又命张秉、薛映、戚纶、陈彭年复校。"说明真宗对这次校理是十分严肃和认真的。如果经过这次校理真能和《文选》一道刊版行世，且能流传到今天，那我们所能见到的《文苑英华》，其面貌可能不是现在这样，而是北宋时校刻的风貌。然而不幸的是，就在这次与《文选》同时整理的《文苑英华》，"未几，宫城失火，二书皆烬"（《宋会要辑稿》第五十五册《勘书》）。即是说，从景德四年（1007）八月，直到祥符二年（1009）十月，真宗下令三馆、秘阁、直馆校理官员重新整理的《文选》和《文苑英华》，都因宫城失火而化为灰烬。不但用事之人前功尽弃，后人也无缘再窥其一斑。

其实"宫城失火"也并非"未几"，而是发生在《文苑英华》整理重编、一校复校六年之后的大中祥符八年（1015）。《宋史·五行志》第十六《五行二上》载八年"四月壬申夜，荣王元俨宫火。自三鼓，北风甚，癸酉亭午乃止。延燔左承天、祥符门、内藏库、朝天殿、乾元门、崇文院、秘阁，天书法物、内香藏库"。即是说这次失火，首先起自荣王宫，加之北风越刮越大，火乘风势，延烧至宫城，乃至存储典籍书画的崇文院和秘阁，"天书法物"等荡然无存，刚刚校理好的《文选》及《文苑英华》亦付之一炬。为此，真宗在内东门便殿对群臣说："祖宗所积，朕不敢妄费，一朝殆尽，诚可惜也。"（李焘《续资治通鉴长编》卷八十四）群臣则劝慰说："陛下富有天下，财货不足忧，虑政令赏罚有所不当耳。臣等备注宰辅，天灾如此，谨当罢斥。""遂下诏罪己，令文武百官上封论事，无或隐蔽。"

十多年后，也就是到了北宋仁宗赵祯天圣年间才又由"监三馆书籍刘崇超上言：'李善《文选》援引该赡，典故分明，欲集国子监校官校定净本，送三馆雕印。'从之。天圣七年（1029）十一月版成，又命直讲黄鉴、公孙觉校对焉"（《宋会要辑稿》第五十五册"勘书"）。只可惜刘崇超的建言只提到了李善注《文选》，因而得到皇帝钦准，经国子监校出净本，由三馆雕印颁行；而《文苑英华》因刘崇超建言未提，所以也就被搁置了下来。这一搁就是一百多年，直到南宋孝宗时才又将校理《文苑英华》之事提到议事日程。

第二节 《文苑英华》的第二次校理

南宋孝宗赵眘在位期间，虽然干戈未息，却能恪守祖宗家法，留心文事。淳熙四年（1177）的一天夜间，赵眘翻阅一部临安书坊老板江钿所编的《圣宋文海》，觉得可以刊行，借以恢弘文事，于是便将值夜班的周必大召至清华阁，指令其安排在临安府开版印行此书。身居要职的周必大，不敢欺君枉上，则从实奏称："此书江钿类编，殊无伦理，书坊板行可耳，恐难传后，莫若委馆阁别加诠次。"（《直斋书录解题》卷十五《皇朝文鉴解题》）皇帝接受周氏奏请，遂命吕祖谦"发三馆四库之所藏，裒缙绅故家之所录，断自中兴以前，汇次古赋诗骚、典册诏诰、表章奏疏、箴铭赞颂、碑记论序、书启杂著，以至律赋经义，定为一百五十卷……赐名《皇朝文鉴》"（宋王应麟《玉海》卷五十四《淳熙皇朝文鉴》）。利用这次奏请新编《皇朝文鉴》之机，周必大又提出太宗时所编《文苑英华》"虽秘阁有本，然舛误不可读"（《周益文忠公集》卷五十五《文苑英华序》），应重加校理。孝宗

宋孝宗赵眘

乃"传旨取人，遂经乙览"，结果确是舛误颇多，难于行世，于是下令在"御前置校正书籍一二十员"同时进行勘校，以便尽早校出正本。但由于所用校理人员"皆是书生稍习文墨者"，加之每月有供膳之资，"满数岁"还能"补进武校尉"，觉得是难得的美差，但工作则极不负责任。他们"一边莲花落""一边大鼓书"，对校勘实务，既缺乏应有的知识，又胆大妄为，乃至"往往妄加涂注，缮写装饰，付之秘阁"（出处同上）。因而这第二次校理，虽在御前进行，却是最敷衍塞责的一次。不但蓝本的舛误未得到校正，"反滋讹舛"（明隆庆元年胡维新、戚继光刻本《文苑英华》胡序），徒增一部劣本。周必大时为侍读、吏部侍郎、翰林学士，终日在御前行走，看在眼里，心知肚明，亦感责任难却。曾"属荆帅范仲艺均倅丁介稍加校正"（宋周必大《文苑英华事始》），但亦无法从根本上扭转这次校理徒增的那些错误。这是《文苑英华》的第二次校理。

第三节 《文苑英华》的第三次校理

南宋宁宗庆元元年（1195），周必大致仕还乡，摆脱了繁忙的政务，重新组织力量，对《文苑英华》实施第三次校理。

周必大，字子充，一字洪道，号省斋居士，晚号平园老叟，庐陵（今江西吉安）人。生于北宋钦宗靖康元年（1126），南宋高宗绍兴二十一年（1151）进士。二十七年（1157）又中博学鸿词科。孝宗淳熙元年（1174），除为右文殿修撰。二年，除侍讲兼直学士，擢兵部侍郎。三年，兼侍读，除吏部侍郎、翰林学士。五年，除礼部尚书兼翰林学士。七年，迁吏部尚书，兼翰林学士承旨。同年除参知政事。九年，知枢密院事。十一年，除枢密使。十四年，拜右丞相。十六年，转特进左丞相。庆元元年（1195），以七十高龄三次上表申请退休，获准以少傅身份致仕。嘉泰四年（1204）卒，年七十九。赠太师，谥"文忠"。周必大在翰林六年，"制命温雅，周尽事情，为一时词臣之冠"（《宋史》卷三百九十一《周必大传》）。从退休到谢世，尚有九年时间，周必大以渊博的学识，严谨的态度，久经历练的组织能力，以及晚年的全部精力，投入到对《文苑英华》的校理中。

周必大像

据周必大自己说："晚幸退休，徧求别本，与士友详议，疑则阙之，凡经、史、子、集、传注、《通典》《通鉴》，及《艺文类聚》《初学记》，下至乐府、释老、小说之类，无不参用。"（《文苑英华事始》）简短几句话，告诉人们这次校理采取了几个具有实际效果的措施。

一是"徧求别本"。这是自古以来古籍整理必须首先采取的步骤。西汉时刘向、刘歆尝受命整理国家藏书，首要环节就是广征天下遗书，以备众本。因为众本不备，就无法校其异同；异同不明，就无法定其篇目；篇目不定，就无法撮其要旨；要旨撮不出，就无法叙而录之。这是一套行之有效的古籍整理成功经验。《文苑英华》之所以产生那么多问题，就是只用一本，而不寻别本，不用别本。前边我们揭示《文苑英华》存在的问题时，已经提到很多问题其实只要再查一查别的传本，就会迎刃而解。周必大吸取《文苑英华》编纂时的教训，所以第一步就提出"徧求别本"。

二是"与士友详议"。这是编纂、校理大书必不可少的环节。不与士友详议，就无法集思广益，就制定不出周密的编纂、校理方法和计划。周必大回到家乡，能与之进行详议者并不多，胡柯、孙谦益、丁朝佐、曾三异、彭叔夏，大概都是他与之详议的士友，其中最主要的是乡贡进士彭叔夏。这个人不仅能与周必大进行"详议"，还肯做踏踏实实的校理工作，并在最后写出了《文苑英华辨证》专书，全面系统记录《文苑英华》原有的各种舛误及校正成果。

三是"疑则阙之"。多闻阙疑是做学问必备的严谨态度。对于疑难，确有根据加以解决者，自然要加以阐释、校正、更改，没有确凿的证据加以解决，不想当然，不差强人意，不穿凿附会，而是原原本本放在那里，以俟来哲。这是整理古籍应有的态度，也是必须坚守的原则。

四是旁征广搜，博采众长。这也是做学问和整理古籍必须具备的条件。没有这些条件，就无法借以判断是非，就无法择善而从，就无法融会贯通，最终解决不了实际问题。周必大所说"凡经、史、子、集、传注、《通典》《通鉴》及《艺文类聚》《初学记》，下至乐府、释老、小说之类，无不参用"，绝对不是虚话，而是可信的事实。否则，校理不出有质量的《文苑英华》。

周必大在采取上述步骤和措施后，与士友一道对《文苑英华》展开了校理。对其中丛脞重复，首尾衡决；一诗析为二，二诗合为一；姓氏差互，先后颠倒等诸多问题，"今皆正之，详注逐篇之下"（周必大《文苑英华事始》）。而"考订商确，用功为多"（彭叔夏《文苑英华辨证序》）者，乃乡贡进士彭叔夏。经过这第三次校理，周必大认为达到了付梓行世的水平，故又亲自主持将此书付梓版行于世。

第四章 《文苑英华》的刊行

　　《文苑英华》自雍熙修竣进呈后，长期只有抄本流传，并无刊本行世。北宋哲宗即位以后，高丽王运曾"遣使金上琦奉慰，林暨致贺，请市刑法之书，《太平御览》《开宝通礼》《文苑英华》。诏惟赐《文苑英华》一书。以名马、锦绮、金帛报其礼"（《宋史》卷四百八十七《高丽传》）。所赐之《文苑英华》当是写本，而不是刻本，原因是那时《文苑英华》尚未刊行。各种书目，包括《崇文总目》卷十一、《郡斋读书志》卷五、《通志》卷七十所著录的《文苑英华》，也都应该是写本，而不是刻本。因为这些目录成书时，《文苑英华》仍未版行。丁丙在其《善本书室藏书志》卷三十八中曾说："考宋纂三大书，《太平御览》《册府元龟》，闽、蜀有刻本，惟《英华》不行于世。"同卷又在《文苑英华辨证》提要中说："北宋之初，古籍多存，《文苑英华》既无刊本，亦不见珍。"缪荃孙在《嘉业堂藏书志》卷四中亦说《文苑英华》"书成于雍熙三年，共一千卷，当时未经刊行"。表明北宋时期，《文苑英华》确实未曾刊版。原因不是那时社会不需要，而是由于当初"编次未精"，导致以后多次校理。北宋真宗时进行的第一次校理，虽然准备与《文选》一并"摹版印行"，但因"宫城失火，二书皆烬"，遂未施行。有宋三百余年，《文苑英华》第一次上木，还是周必大校理之后付诸实施的。

第一节 《文苑英华》的第一次刊行

庆元元年周必大告老还乡后做的第一件事，并不是校理《文苑英华》，而是继续进行《欧阳文忠公文集》的校刻工作。《天禄琳琅书目》卷六著录《欧阳文忠公文集》五函四十五册，并说此集收欧阳氏"《居士集》五十卷、《外集》二十五卷、《易童子问》三卷、《外制集》三卷、《内制集》八卷、《表奏书启四六集》七卷、《奏议集》十八卷、《杂著述》十九卷、《集古录跋尾》十卷、《书简》十卷，共一百五十三卷"。总目后有宋胡柯撰《年谱》一卷并《记》。书后有《附录》五卷及编校姓氏。宋周必大序。胡柯《记》、周必大《序》皆作于宋宁宗庆元二年。周必大序称："会郡人孙谦益、承直郎丁朝佐编搜旧本，旁采先贤文集，与乡贡进士曾三异等互加编校。起绍熙辛亥（二年）春，迄庆元丙辰（二年）夏，成一百五十三卷。别为《附录》五卷。"可知周必大校刻《欧阳文忠公文集》，在他致仕退休的前四年即已开始。陈振孙《直斋书录解题》卷十七称欧阳文忠公"为一代文宗，其集遍行海内，而无善本。周益公解相印归，用诸本编校，定为此本"。欧阳氏与周必大同是庐陵人，前辈先贤，又是极具影响的大家，其集又乏善本流传，故周组织力量花五年时间校刻行世。

一、《文苑英华》的付梓

大概正是这一百五十多卷文集的编刻，积累了经验，历练了人才，再行校刻《文苑英华》就比较得心应手。又经过大约五年的时间，《文苑英华》的校理工作基本完成，开版雕印提到议事日程。关于此次雕印《文苑英华》，周必大在校刻《文苑英华序》（亦称《文苑英华事始》）中说"始雕于嘉泰改元春，至四年秋讫工"，用了差不多将近四年的时间。周必大告老还乡，本可颐养天年，坐享清福，为什么仍要以垂暮之年校刻千卷之巨的《文苑英华》，他在序中说："盖欲流传斯世，广熙陵右文之盛，彰阜陵好善之优，成老臣发端之志。"并说："深惧来者莫知其由，故列兴国至雍熙成书岁月，而述证误本末如此。阙疑尚多，谨俟来哲。"落款是嘉泰四年"七月七日，少傅、观文殿大学士致仕、益国公、食邑一万五千六百户，食实封五千八百户臣必大谨识"。可知他之所以要校刻此书，一是要使此书流传于世，使二百多年未曾刊行的梦想化蛹成蝶，广为流布；二是要扩大北宋太宗（死后葬熙陵）当年"稽古右文"，"以文化成天下"的影响，继续贯彻"崇文抑武"的基本国策；三是要彰显南宋孝宗（死后葬阜陵）乙夜御览，并亲自指挥校理的好善之心；四是要完成当年参与编纂并久已作古的诸老臣发端此事的未竟之业。周必大写就这篇序文时，已是嘉泰四年的七月七日，时令已届孟秋。五个月后，也就是这一年的年末，周必大便驾鹤西归了。一个封建社会的士大夫，能如此鞠躬尽瘁，完成《文苑英华》校刻的历史任务，不愧为可恭可敬的循吏良臣。周刻《文苑英华》，开版宏朗，颇似官雕。每半版十三行，行二十二字，白口，左右双边。版心上镌字数，下镌刻工姓名。是南宋江西刻书的典型风貌。

二、印刷工匠承刻《文苑英华》

宋代出书的付梓方式，官、私、坊三大系统不完全相同。官署刻书，尤其是中央官署，如宋代的国子监，先者有印书钱物所，后改名书库官，这是国子监自己专设的刻书机构，中央官署之书常常发付到这里梓行。但有时也发付书铺子梓行，甚至下杭州书铺镂版。司天监有自己的印历所，每年颁行的历书，都要发付印历所梓行。颁行后各地才可以翻雕刷印。但这多是官署出资，书铺刻印，并非承包。私宅刻书，其付梓方式有两种，一种是招雇刻印工匠上门，按主人要求开版雕造；另一种是出资将书稿发付书铺或雕印工匠，由他们刊印而成。至于书铺子，有的有自己的雕印工人，有的没有自己的雕印工人。有工人者，书铺自可自行刊印；无工人者，也要出资发刻，或请工人上门开雕。所有这些付梓方式，出版史研究者和版本研究者，并不陌生。南宋周必大《文苑英华》之刻，则是以前未能给予充分关注的一种付梓方式。

陆心源《皕宋楼藏书志》卷一百一十二，著录旧抄本《文苑英华》一部，叙录中有如下一段文字："宋翰林学士、朝请大夫、中书舍人、广平县开国男、食邑三百户、上柱国、赐紫金鱼袋宋白等奉敕集。每卷末俱有'登仕郎胡柯、乡贡进士彭叔夏校正'一条。末有'成忠郎、新差充筠州临江巡辖马递铺王思恭点对兼督工'一条。吉州致政周少傅府昨于嘉泰元年春，选委成忠郎新差充筠州临江军巡辖马递铺权本府使臣王思恭，专一手抄《文苑英华》并校正重复，提督雕匠，今已成书，计一千卷。其纸札、工、墨等费，并系本州印匠承揽，本府并无干预。今声说照会。四年八月一日，权干办府张时举具。"

陆氏《皕宋楼藏书志》的这段文字，最早见于朱彝尊的《经义考》。张金吾《爱日精庐藏书志》卷三十五所著录的《文苑英华》旧抄本，即全文过录了这段文字。陆心源《皕宋楼藏书志》的这段文字，则是全抄《张志》。叶德辉《书林清话》卷三《私宅家塾刻书》一节，亦根据《张志》《陆志》全录了这段文字。就这段文字而言，版本目录学工作者及出版史研究者并不生疏，只是关注得不够，研究分析得不够。叶德辉有所注意，但只是注意到它为一人手抄。叶氏《书林清话》卷六说："《张志》有《文苑英华》一千卷，后记云……此以一人之力，写千卷之书，较之肃之自书己集，尤为难得。"是说王思恭以一人之力，专一手写一千卷的《文苑英华》，较比肃之手写自己的文集要难得多。肃之，指岳飞之孙岳珂，珂表字肃之，曾有《玉楮诗稿》八卷，编好请人誊录，结果是"写法甚恶，俗不可观，欲发兴自为手书，但不能暇。二月十日，偶然无事，遂以日书数纸。至望日，访友过海宁，携于舟中，日亦书数纸，迨归而毕"。

陆氏皕宋楼所藏的这部旧抄本《文苑英华》，应当即由嘉泰刻本所从出，或者说是直接抄自嘉泰本。瞿氏《铁琴铜剑楼藏书目录》卷二十三亦著录旧抄本《文苑英华》一千卷，在记录前述那段文字之后，说"此本为明初人依宋本传录，款式尚仍其旧"。表明旧抄本《文苑英华》的确来自原宋本，因此旧抄本卷末的文字就应该是宋本《文苑英华》卷末固有的文字。"每卷末俱有'登仕郎胡柯、乡贡进士彭叔夏校正'"一条，与今天所能见到宋本每卷末所具校勘人的衔名完全相同，证明所谓旧抄本《文苑英华》确实可能是来自宋本。惟是今存原刻《文苑英华》只存断续卷帙，佚去全书的最后一卷，故"末有成忠郎新差充筠州临江巡辖马递铺王思恭点对兼督工"一条，已无从再见，因而旧抄本就显得格外重要。它使我们知道《文苑英华》的这次付梓，负责点对兼督工的具体人物是王思恭。这个人当时的身份是成忠郎，职务是新差充筠州临江军巡辖马递铺。成忠郎是阶官名，正九品，地位很低。筠州属江西，以其地特产筠篁而得名，五代时辖境比较大，北宋时则分樟树县置临江军，割万载县属袁州，辖境遂小。南宋时避理宗赵昀的名讳，改筠州称瑞州。王思恭其时所任的职务便是筠州临江军的巡辖马递铺。宋代的步递铺和马递铺都是邮置名，每十八里至二十里设一铺。步递铺负责传送常程文书，日行六十里，夜宿于铺。马递铺负责传送敕降文书，也就是皇帝亲下的旨义，要日行五百里。不牵涉外交和军机要务，但亦需快递的盗贼作乱等文书，则日行三百里。宋代的马递铺有时亦负责运送官物，逐铺交接。身为成忠郎、巡辖马递铺的王思恭，官职虽低，却与《文苑英华》的雕印发生了密切的关系。

周必大在其《周益文忠公集》卷四十六有一首诗赞，说："予刻《文苑英华》千卷，颇费心力。使臣王思恭书写、校正，用功甚勤。因传于神，戏为作赞：'倚树而吟据槁梧，自怜尔雅注虫鱼，汝曹更作书中蠹，不愧鲲鹏海运欤'。"卷五十一《题平园图后》又说："使臣王思恭，昨写予真求赞，因记书对《文苑》之劳。今又绘《平园图》，集予诗文于后，用意益可嘉也。嘉泰四年四月二十一日。"表明这时《文苑英华》的雕印已经蒇事或接近尾声。

"吉州致政周少傅府昨于嘉泰元年春，选委成忠郎新差充筠州临江军巡辖马递铺权本府使臣王思恭，专一手抄《文苑英华》并校正重复，提督雕匠，今已成书，计一千卷"一节，说的是周必大于嘉泰元年春天选择并委托王思恭"专一手抄《文苑英华》并校正重复，提督雕匠"，表明王思恭可能写字比较好，所以将《文苑英华》的写样工作专门交给了他，并且委托他校正重复，因为写样之人最易发现重复。与此同时，还让他管理雕字匠人的镌版工作。可知王思恭在《文苑英华》的雕印过程中，的确是担当了重要角色，劳苦功高。所以周必大才说他"用功甚勤"。

"其纸札、工、墨等费，并系本州印匠承揽，本府并无干预"一节，十分重要。其意是说《文苑英华》雕印的用纸、用工、用墨，乃至于折叶、装订等项费用，都是由筠州印匠承揽的，官府并未出资或参与。这解决了一个纠结多年的问题。周必大编刻《欧阳文忠公文集》时，尚在相位，以宰相的身份在国家在地方筹点资，应该是不成问题的问题。但校刻《文苑英华》时，情况就不同了，这时他已退休，再向国家伸手要钱，恐怕没有在位时那么方便；指令地方出资，因已不在相位，恐怕也不会那么灵光；自己掏钱，未必掏不起，但一千卷的巨帙，恐怕也是一笔不小的开支。到底由谁投资雕印《文苑英华》，始终是个大问号萦绕于心，不得其解。现在出来一个"纸札、工、墨等费，并系本州印匠承揽，本府并无干预"，实在是一种新的付梓形式。若干年前，笔者曾就宋代刻书的用工，包括写样工、划界工、刻字工、刷印工、折配工、装订工，用纸，包括书叶用纸、封面用纸，用墨等，粗略地算过一笔账，其工、料成本与出售价格相比，大概有二至三倍甚至更高的利润。刻书既有利可图，就为付梓方式提供了较为灵活地选择途径。上述这段文字告诉人们，《文苑英华》的付梓，既不是官府出资，亦不是周必大自己掏钱，而是由周必大将此项任务外包给了筠州的刻印工人，由他们出资承揽，印制出来的书除以若干部送编校者外，其余自己经销，从中获取正当利润。这是过去没太注意的问题，使我们又知道了一种付梓出版的经营方式，于深化版本学研究和出版史研究大有裨益。

前引《皕宋楼藏书志》那段话的最后署名是"四年八月一日，权干办府张时举具"。考张时举，字文实，福建闽县人。南宋孝宗乾道八年（1172）进士。《宋史》卷二百零五《艺文志》著录他有《弟子职女诫乡约家仪乡仪》一卷。陈振孙《直斋书录解题》卷十著录《弟子职等五书》一目，谓"漳州教授张时举，以《管子》弟子职篇、班氏《女诫》、吕氏《乡约》《乡礼》、司马氏《居家杂仪》合为一编"。表明《文苑英华》刻完时，筠州政府的干办是张时举，由他具名将本州印匠承揽刊印《文苑英华》事做了公告，进一步证明《文苑英华》之刻，确是工匠承包，当地政府"并无干预"。证明《文苑英华》确实不是官府出资刊刻的。

三、印刷工匠承刻的《文苑英华》为什么似是官版

傅增湘《藏园群书题记》卷十八《校本文苑英华跋》，称宋刻《文苑英华》"版幅宽闳，镌工雅丽，视世传《册府》《御览》二书特为精善。似此煌煌钜编，工艰费广，当为官刻之定本"。今存宋刻《文苑英华》确是开本宏朗，刻印精良，纸润墨香，宋时蝶装，十足的官府刻书气派。傅先生从书的版式行款等外在风貌上审定其为宋时官刻，不是没有道理。可事实上它的确不是官刻，而是在周必大主持下发包给筠州印刷工匠雕刻的。前边已经说过，刻印此书的纸札、工、墨等费用，都由筠州印匠们承揽。按照通常的道理，既是承包，就有一个怎么节约成本问题，若在事前没有明确而严格的约定，偷工减料则在所难免。然而今天我们所能见到的宋刻原本《文苑英华》却是如此的堂皇，如此的大气，如此的具有官刻风貌，理由大概有如下两端。

一个是发包人，或者说是主刻人周必大，是退休不久的宰相。宰相就是那时中央政府的总理，可谓一人之下，万人之上。久居朝廷，见多识广，什么是皇家气度，什么是国家做派，他心里最清楚。虽然已挂掉相印告老还乡了，但久已形成的审美观点及个人文化素养等不会马上改变，对经自己组织力量校理的《文苑英华》要刻成什么样子，他会提出明确的要求。承包人面对致仕宰相的合理要求，恐怕也不敢过分强调自己的利润，而置规格标准于不顾，因此刻印出来的书就不同于一般的私刻，更不同于民间坊肆所雕，而具官刻风貌。

二是我们现在所见到的宋刊原本《文苑英华》，乃当年周必大或是他委托什么人向皇帝的进御之书。进呈给皇帝的御览之书，自然要在版样书写、镌刻刀法、印纸墨色、开本大小等诸方面精益求精。而进御之外的《文苑英华》，开本是否会变小，印纸是否会变糙，墨色是否会变劣，我们没见到过实物，无法推定评说。依照通常的事物逻辑，除进御的若干部要十分讲究之外，其余各部承包者完全有权力自行处置，以降低成本，获取正当的利润。就如同现在出书一样，有时一种书既出精装本，又出平装本；既出大字本，又出缩印本，各有各的用途，各有各的发行方向，各有各的销售对象。昔时虽然不是今天，但古今事理没有多大的区别。说它是"官刻定本"虽然不对，但至少进御的若干部恐怕是瞄着官刻气度制作出来的。

四、宋版《文苑英华》的梓行地

傅增湘《藏园群书题记》卷十八《范履平临叶石君校本文苑英华跋》称："近年余收得《英华》宋刊十卷，为嘉泰四年周益公刊于吉州者，刊工与余藏《欧阳文忠公集》多有同者。"赵万里先生编纂《中国版刻图录》，亦将《文苑英华》镌刻之地类归在吉州名下。傅、赵二先生都是版本大家，影响所及，迄今尚无异说者。推想二君之所以有如此之说，盖因《文苑英华》的主刻之人周必大是吉州人，校刻此书时又已致仕归乡，年过七秩，故其刻《文苑英华》似乎当然就在吉州。可是当我们知道写样上版、提督雕印之人乃是王思恭时，对二先辈的说法就又产生了怀疑。

前边说过了，王思恭的职务是筠州临江军的巡辖马递铺，而且是新近差遣的官员，官虽不大，但是主管着皇帝敕降文书递送的要务。这种官员恐怕要终日坚守岗位，不得擅离职守。周必大于嘉泰元年春虽选委他为《文苑英华》写样上版并提督雕匠，但若让他离开临江军马递铺的职守，到吉州来花几年时间从事《文苑英华》的写样雕版事务，恐怕不大可能。临江军地处吉州的东北部，唐时曾是吉州属地，北宋太宗淳化三年（992）割筠州、袁州、吉州各一部分地域另置临江军，辖境相当于今天江西的樟树、新干、峡江等市、县地。《宋史·地理志》四载："临江军，同下州。淳化三年，以筠州之清江建军……县三：清江、新淦，（小字注）：淳化三年自吉州来隶。新喻，淳化三年自袁州来隶。"说明北宋淳化三年以后，临江地区已不属吉州管辖。因此，从地理行政区划上讲，不容将吉州与临江混为一谈。但临江地处南昌西南，吉安东北，所距路程都不算太远。周必大之所以将《文苑英华》的雕印任务委托给在临江任职的王思恭，一方面盖因王思恭写字好，能塌下心来书写千卷之巨的《文苑英华》版样；另一方面又大小是个官员，有提督管理雕印此书的能力；同时还有一个原因，那就是临江距吉州路途不算太远，雕印过程中有什么问题需要请示定夺，往返并不算太困难。加之王思恭有马递之便，也就进一步拉近了两地的距离。若是上述分析符合历史实际，则此书的梓行之地当在临江军，而不在吉州。故此书版本既不应简单表述为"宋嘉泰元年至四年周必大刻本"，也不应表述为"宋嘉泰元年至四年周必大吉州刻本"，而应表述为"宋嘉泰元年至四年周必大王思恭临江军刻本"。

五、宋版《文苑英华》是雕印本还是活字印本

周必大委托王思恭在江西临江军梓行的《文苑英华》，800多年来没人质疑它是不是雕印本，800多年后却有人提出它不是雕版印制本，而是活字排版印制本。提出之人就是深圳的邹毅同志。

邹毅同志现在是深圳电视台的记者、编辑，古籍收藏爱好者。多年来，倾心各种活版印书及活版印书鉴定等方面的收藏与研究。为此，他舟车南北，笤泛东西，悉心搜集不少活字实物，乃至于排版边框、界行夹片、长短小卡等实物。经多年潜心研究，笔耕不辍，终于在2010年8月由中国社会科学出版社出版了他的专著——《验证千年活版印刷术》，并于2011年1月15日签名赠送了笔者一部。拜读之后，觉得邹毅同志既大胆又细心，突破了以往长期鉴定活字印本的固有窠臼，提出了自己一套完整的鉴定方法。据此，他认为自北宋庆历间布衣毕昇发明泥活字印书法以后，终宋之世并不是没有采用这种原理制作泥字或木字印制书籍，而是因为多年来鉴定活字印书的老方法、老途径、老套路，使本为活字排版印制之书被错定为传统的雕版印书，使多种宋元时期活版印制的典籍沉埋无闻，被沦为普通雕版印书的汪洋大海。为此，他不厌其烦地验证自己的鉴定方法，得出现存不少宋元版书都不是雕版印本，而是活字排版印本的结论。如影印在《中华再造善本》唐宋编中的《周易正义》《大唐

六典》《宋书》《吕氏乡约》《许用晦文集》《离骚草木疏》等，他都认为"有较多的活字特征，可能都是活字本"。另外，唐宋编中的"《周易上经》《周易本义》《大易集义》《群经音辨》《鲍氏国策》《律》《路史》《梁书》《资治通鉴》《通典》《通鉴纪事本末》《汉官仪》《重雕改正湘山野录续录》《大藏经纲目指要录》《西山先生真文忠公读书记》《聲隅子歔欷琐微论》《张文昌文集》《赵清献公文集》《淮海集》《司空表圣集》《骆宾王集》《丁卯集》等，也有一些活字特征，也有可能是活字本"。他还认为《中华再造善本》金元编中的"《孔氏祖庭广记》《观音偈邙山偈》等，均有明显的活字特征，很可能是活字本"。并说金元编中的"《四书经疑问对》《读四书丛说》《仪礼集说》《五服图解》《尔雅》《幽兰居士东京梦华录》《后汉书》《通鉴释文辨误》《通志》《牧民忠告》《新雕注疏珞琭子三命消息赋》《周子通书训义》《棠阴比事》等，也有一些活字特征，可能也是活字本"。还说："元代至元六年庆元路儒学所刷印的书中，有相当一部分活字特征较为明显，例如《通鉴答问》《汉书艺文志考》《汉制考》《小学绀珠》《玉海》《六经天文编》《急就篇补注》《诗考》《周易郑康成注》《诗地理考》《通鉴地理通释》等，也可能是活字本。"（邹毅《验证千年活版印刷术》，2010年8月，中国社会科学出版社第210页）另外，对著名的《宋蜀刻唐六十家集》中的《王摩诘文集》《张承吉文集》等，也怀疑它们是活字印本，只是未下结论，还在研究探索中。

　　邹毅同志根据他的活字版鉴定方法，除对上述50多种过去一直被定为刻印诸书提出质疑，认为这些书都有活字印本的特征，因而可能都是活字印本外，还特地重点剖析并认定《文苑英华》和《东莱先生音注唐鉴》，是宋代活字印本，而不是刻印本。其根据是书叶上有界栏槽、边框缝、鱼尾缝、活印痕、编框歪斜、栏线弯曲、栏线断续等现象，"突出特征则有上下界栏槽、四角边框缝、栏线插边框等"，并一一摄制能反映这些现象的图版，供人观瞻。他以《文苑英华》中的前四册为例，逐页记录其活字印版的特征。

1．栏线插入边框：（其书图10—2—2；图10—2—5），并说："《文苑英华》一些书叶中，栏线插进边框之中，十分奇特。"其意是说活字印书每行字两边的界行线，是以事先刮削好的竹、木片塞进去的。为了能使这种线片固定在相应位置，其上下边框（或叫边栏）就要刻出安插它们的栏槽，以便使这种栏线片从上口插入槽中，与文字版面平齐。这样印出的书叶，就会在栏槽插口处显现出豁口，暴露出界行线片插入上下边框的现象。反过来，书叶上有了这种显现，就可以证明它是活字排版印本。邹毅同志举出《文苑英华》若干叶内都有这种现象，所以他据以定其为活字排版印本。

2．书叶四角均有边框缝：（其书图10—2—6；图10—2—8）宋时活字印书其版框的形成，尚不是后世雕有整块的活字版槽，其上下边栏与左右边栏用四条厚度一致的板片拼接，围成版框，而后从外部用绳子周匝捆绑以固之，然后在其框内逐行排字，逐行加放事先准备好的界栏片，以及版心、鱼尾等，最后将框围勒紧，这一版就算排定完成。活字若是泥土制作的陶字，涂墨印刷过程中吃水胀版还好一点，若是木质活字则胀版就比较厉害。版面中文字一胀版，就会挤压上下左右边栏，从而使本已固定好的四周边框在四角处离缝，这时印出的书叶就会在四角处显出空白。这就是邹毅同志所说的"书叶四角均有边框缝"。这是活版印书难以避免的现象，后人抓住这些现象，形成了鉴定活字印本书的手中利器。邹毅同志在《中华再造善本》的《文苑英华》中，找出很多叶的边框四角都存在这种现象，因而据以鉴定此书为宋代活字排版印本，而不是雕版印本。

3. 邹毅同志还举出《文苑英华》有鱼尾缝、栏线弯曲、边框歪斜、偏心字痕、字体歪斜、小卡印痕、横排不齐、字数不等、阴文边线弯曲、栏线断断续续、版心刻工位置出现墨钉等若干现象，他认为这些现象都是活字排版印书才会有的特征，所以认定《文苑英华》是宋代活字印本，而不是雕版印本。

4. 除了上述这些现象足以令邹毅同志定《文苑英华》是宋代活字印本外，他还算了一笔细账，作为其定此书为活字印本的证据之一。他据刘尚恒《徽州刻书与藏书》及林应麟《福建书业史》中所说明代刻工一天刻字大概在110字左右，而算出《文苑英华》全书约672万字，每天以50位工人镌雕计，刻完《文苑英华》大约需要1221天，也就是三年零四个月，加之梨木、枣木或梓木板材，"如此巨大的雕版工程，耗费如此众多的人力物力和财力，已是耄耋之年的周必大老先生，纵使有万贯家财，也是一笔巨额开销"。若是"活版，一人一天可排出两版，若有5名排印工人，每天可排出10版"，则全部《文苑英华》12000块版，1200天也就排完了。加上刻字、排版、印刷，他认为雕刻木活字比雕刻印版的低效率要快得多。于是得出结论："与雕版相比，在同等时间内，采用活版排印《文苑英华》，大约只需要五分之一的人手，甚至更少，可节省一笔庞大的费用。"且"由于用普通木材替代专用板材，又可节约一大笔板材费"。

上述是我归纳的邹毅同志的基本观点，不当之处邹毅同志可以指正。

邹毅同志上述所提的鉴定方法，列出的种种现象，以及所算的那笔细账，笔者不想在本文的有限篇幅中与之进行一一的讨论，只想从宏观上提出几个问题，以表述我自己的一些想法。

第一，邹毅同志所据以观察的《文苑英华》，乃是《中华再造善本》的影印本，尽管制作过程中印出的样张与原书要逐叶进行核对，包括文字、版口、校语、圈评、楣批，乃至钤章的色泽等，都要一一勘核，尽可能保持原书面貌。但等书印好装订成册后，再持之与原书对比，仍是不能完全毕肖，而是相形见绌。凭借影印本来研究版本，尤其是用它来研究判定是活字印本还是雕版印刷，往往会差之毫厘，谬以千里。邹毅同志所拍的那些照片，若是来自原本，前列很多活字版特征是极不明显的，甚至是没有的。当然，这样说，邹毅同志也许会认为国图的原书读者是无缘亲见的，不得已而求其次。可是这"其次"一求，结论就会被误导，科学性就会被打折扣。经验告诉我们，就内容、序跋、批校、钤章、刻工、讳字等方面进行研究，《中华再造善本》可以放心大胆地使用，若是利用它来研究原书的版印特征，并借之为原书确定版本，则无异于雾里看花，隔山点将，实在是靠不住。

第二，《文苑英华》自修成进御，到嘉泰四年刻竣，经过了二百年有奇，可以说是时运不济，命途多舛。周必大致仕后之所以要以垂暮之年校刻《文苑英华》，完全是要"广熙陵右文之盛，彰阜陵好善之优，成老臣发端之志"，也就是他要完成自太宗以来的未竟事业。周必大主持校刻此书，有传诸久远以飨读者之意，但也绝对有将其进御秘府，皇家收藏的用意。进呈给皇帝的御览之书，刻制活字然后排印恐怕不够郑重，不是时人共同认可的正统之法。雕版印刷自五代后唐国子监采用校刻《九经》以降，经北宋至南宋后期，历经三百多年，已成为社会公认的印刷出版技术，而对活字，不要说是宋朝人，就是到了清代，也仍有不少人不将其视为正宗。周必大出判潭州（今长沙）时，曾用"沈存中法"仿制泥活字排印过自己的《玉堂嘉话》，但那是自己的作品，又是一部小书。《文苑英华》则是官修大书，印出之后还要进御典藏，是否就敢用活字排版，的确是个值得思考的问题。

第三，雕版印书比起手写有无比的优越性，只要雕一套版，想印多少部可以随意自裁，大大地便于流通和文化学术的推广。但它自身也有不可克服的缺点，那就是一种书雕一套版，一套版只能印一种书，印数上虽可因需自裁，但种数上则无法增新，若增新只好再刻一套版，劳师费时，成本极高。但它也还有另外的好处，一厘米左右厚度的一块木板，可以两面雕字。如果要是雕制一个个单字，其字身高度至少也需要一厘米左右的厚度，那可就只能一面雕字了。况且，雕制活字，恐怕也不是像雕刻印章那样，先修制好一个个方形木块，然后再在其上雕字。大概也是先雕印版，而后再用小锯横竖锼开，对其四边再加修整，从而形成一个个高低一致的活字。如此制成的活字，如果只是为印一种书，绝对比雕版要浪费得多。六百七十多万字的《文苑英华》，要先刻成多少个单字才敷其用，难以计算，然后再检字排版，刷印成书，恐怕比雕版既不省工，也不省料，也许还要费工费料。

第四，前边说过了，《文苑英华》的付梓，其版样是由王思恭一手书写的，其纸札、工、墨等费用是筠州刻印工人承揽的。细审现存宋本《文苑英华》，字体前后一致，确系出自一人之手。实在不好想象，王思恭受周必大之托书写版样，难道不是为雕版写样而是为刻制活字写样不成？如果真是为刻制活字，然后再检字排版，岂不更费事更浪费！总之，仅凭影印本上的某些现象，甚至是夸大的现象，便遽定《文苑英华》是活字印本，还缺乏可以服人的确凿证据。

六、宋版《文苑英华》的流传

1. 宋版《文苑英华》问世之后的流传，就现在所知可能有两个途径：一个途径是进御本的官府流传，另一个是非进御本的民间流传。关于进御本的官府流传，后边再讲。民间流传则文献可征。

钱谦益《牧斋初学集》卷八十五收有其《跋宋版文苑英华》一文，称："《文苑英华》，《文选》以后文章之渊薮也。闽本（指明隆庆元年胡维新在福建所刻《文苑英华》）苦多讹阙，莫可是正。曹野臣为余言：'王户部荠庵有宋刻残本，七十册，购得之庙市者。'属野臣借阅，荠庵欣然见授，得纵观者匝月。"钱谦益乃明末清初常熟藏书名家，其绛云楼庋藏富甲东南，其版本鉴别的学识与能力亦为时人所公认。他委托曹野臣从王荠庵处所借之《文苑英华》，在他家"观者匝月"，可以说是反复谛审，数次摩挲，若不真是宋版，他就不会写此一跋。钱氏且因王荠庵"欣然见授"，心生感激，两次写诗加以赞扬。一首是五言，收在《牧斋初学集》卷十三，题目是《次韵答王荠庵户部》，谓："旧雨悲将别，新知乐未皇。风雷徒自作，弦朔正相望。地肺虚灵异，天心尚角芒。南冠犹喑楚，北牖独歌商。阁记输王粲，清评服许将。凉风吹洒落，白月焌清杨。鹿颂嗟牵率，鸡占笑苦伤。山人聊衣白，使者或车黄。酒券赊文籍，诗场擅鼓簧。惭无蔡邕赠，执笔重彷徨。"这显然是步王荠庵原韵，赠答的一首诗。"酒券赊文籍"，仍在感谢王荠庵借给他宋版《文苑英华》展阅，并说"惭无蔡邕赠，执笔重彷徨"。《牧斋初学集》卷十四《试拈诗集》

又收一首七言，题目是《登封歌为王岕庵赠其尊人》，谓："主称千金客奉酬，高歌击筑燕市头。道心篱下见黄菊，侠气霜前凌素秋。羡君长髯不碌碌，每笑腐儒何狗曲。秋原侠少输臂鹰，春社儿郎解分肉。嵩山王屋旧天坛，小驻人间亦未难。他时天子登封日，投谒惊看靖长官。"这显然是对王岕庵丢官后家居的一种安慰。王岕庵一时爽快，将宋版《文苑英华》出借钱谦益，结下了这么一位职位比他高、学问比他大、藏书比他多的好朋友。

王岕庵，名承曾，河南夏邑人，进士。尝官南京户部主事，迁顺天府照磨，升大理寺副，户部员外郎，襄阳府知府。钱跋中称其为"王户部"，盖因他做过户部主事和员外郎。王岕庵其人少年轻佻，贪酒渔色。明崇祯十三年（1640）玛瑙山一战，张献忠大败，其妻敖氏、高氏等被俘，投进襄阳狱中。王承曾心"悦敖氏、高氏之艳"，于是便以知府身份假托要审讯她们，借以了解张献忠营中虚实。实则在"审讯"中，与之嬉笑挑逗，狎亵调情，疏于防范。崇祯十四年（1641）二月，张献忠侦查到襄阳无备，乃以二十八骑持符伪称官兵驰至城下叩门。城守张克俭验符信以为真，开门放进，与城中伏兵里应外合，襄阳告破，火烧襄阳王府，弑杀襄阳王。兵备副使张克俭、推官郦曰广死节。张承曾则突围败走，免致一死。这样一个人，居然能在庙市中获得宋版《文苑英华》七十册。从现存宋版《文苑英华》可知，其卷帙为每十卷一册，七十册便意味着尚存七百卷。可知到明朝末年，宋版《文苑英华》在民间仍有流传，且存有七百卷之多。隆庆元年胡维新"《苑》之传也，宋有刻也。然藏之御府，昔非掌中秘之书者不获见，而今并逸之"（胡维新明隆庆元年刻本《文苑英华》序）之说，不可遽信。但自钱谦益将此书还回王岕庵之后，便踪迹皆无，不知毁于何时。

2. 宋本《文苑英华》进御本的流传，颠沛流离，十分曲折。宋嘉泰四年，周必大《文苑英华》校刻藏事，进呈后书藏南宋行在临安大内，今中国国家图书馆所存十三册中钤有"内殿文玺""御府图书""缉熙殿书籍印"可证。考南宋临安大内缉熙殿，盖始建于南宋理宗赵昀在位期间。宋程公许《沧州尘缶编》卷十四《试上舍生策题》中说："高宗中天投戈讲义，而《九经》皆手书石刻；孝宗嗣服，亦于清燕之所……至于我皇上，甫登大宝，即营缉熙殿。"可知缉熙殿之始建当在理宗宝庆元年（1226）。至绍定五年（1232）十一月，理宗已将"敬天命、法祖宗、

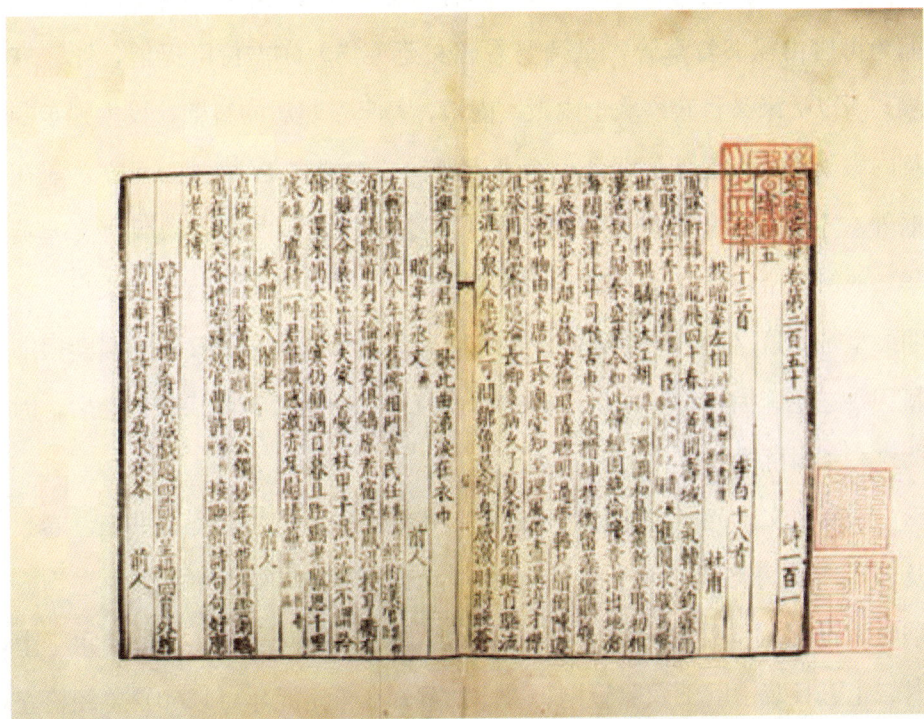

国家图书馆藏宋刻本《文苑英华》

事亲、齐家而下凡四十八条"，亲笔写成十二轴。到来年六月缉熙殿落成时，又御书"缉熙"二字匾额高悬其上。此时离《文苑英华》刻成进御已过二十五年，因知缉熙殿并非进御后的首藏之地。检国家图书馆所藏宋版《文苑英华》，"御府图书"一印，钤在框外最右下角，这当是最初钤盖的印章，表明该书进呈后首先在御府收藏。御府从来就是收藏之地。唐瞿昙悉达《唐开元占经》卷六十三《南方七宿占四》说："御府，宝文玉神之藏也。"唐柳宗元《柳集点勘》卷一称："唐秘书省掌御府图籍。"南宋潜说友〔咸淳〕《临安志》卷七《行在所录》说是道山堂后有一小轩，放置苏轼的画竹刻石，传说乃苏轼被贬儋州回归后戏作，"好事者取以为屏，献之贵家，转入御府。"可知御府乃皇家收藏文玩典籍之所。也许是因为御府由秘书省掌管，皇帝要看《文苑英华》尚需侍臣提借，比较麻烦，所以后来又将其移藏于内殿。内殿，乃皇帝起居的寝殿，设内殿承制及内殿崇班等官为他们服务。今书上所钤"内殿文玺"一印，虽亦钤盖在框外右下角，但位置则在"御府图书"之上，表明内殿乃宋版《文苑英华》的第二个庋藏之所。而"缉熙殿书籍印"，均钤盖在每册的末尾，说明经皇帝御览之后，缉熙殿落成，又将其移藏于该殿，故又有"缉熙殿书籍印"之记，因知缉熙殿之印必定钤盖在理宗绍定六年（1233）之后，因为这一年缉熙殿才落成。

宋刻《文苑英华》进御后，御府以黄绫封面，蓝绫为签，书名、卷数及各册所属门类皆宋人手书，十足的皇家气派，一看便知是宫中之物。书衣背缝钤盖"景定元年十月初六日装褙臣王润照管讫""景定元年十月二十五日装褙臣王润照管讫"墨印。可知在景定元年（1260）曾经检查过此书。景定元年距嘉泰四年（1204）刻成进御，已过半个多世纪，确应检查书籍的保存情况，查后无事，自当声明"照管讫"。若是有事，即当进行修复。傅增湘先生在《藏园群书题记》卷十八《校本文苑英华跋》中说："考景定初元，距嘉泰刻成时已阅五十七年，何以杀青将近周甲始行进御？惜载记缺失，莫由考证其事，良足叹矣。"将检查图书存藏情况之年理解为进御之年，恐误。至于装褙臣是个什么身份，推想应该是位主管宫中皇家藏书的装订和修复工作的低级官员。

元朝，是起自朔漠的蒙古族贵族靠金戈铁马建立起来的封建王朝。起初，他们只谙弓马，未遑文事。但随着政权在全国的逐步确立，蒙古族贵族统治者也逐渐认识到武功虽可破敌，但终须以文德致治，故"自太祖、太宗即知贵汉人，延儒生，讲求立国之道"（明陈邦瞻《元史纪事本末序》）。自此，则采取了一系列文治政策。中统元年（1260），忽必烈登上皇帝宝座，成立尚书省（后改名中书省），也就是中央政府，向全国发布诏书，称："朕惟祖宗肇造区宇，奄有四方，武功迭兴，文治多缺，五十余年于此矣。盖时有先后，事有缓急，天下大业，非一圣一朝所能兼备也。"（《元史·世祖本纪》一）表明这时忽必烈已完全认识到文治武功交替使用的功效。其实这道诏书的起草人，根本不是忽必烈，而是刚被招贤招来的宋朝宗室赵孟頫的手笔。到至元十三年（1276），元军渡江南下，恭宗赵显派右丞相贾余庆等充祈请使前来乞降，忽必烈受降，并下诏安抚降宋朝野，谓："百官有司、诸王邸第、三学、寺、监、秘省、史馆及禁卫诸司，各宜安居。""秘书省图书，太常寺祭器、乐器、法服、乐工、卤簿、仪卫，宗正谱牒、天文地理图册，凡典故文字，并户口版籍，尽仰收拾。"（《元史·世祖本纪》六）之后，行中书省右丞相伯颜便"遣宋内史王埜入宫，收宋国衮冕、圭璧、符玺及宫中图籍、宝玩、车辂、辇乘、卤簿、麾杖等物”。不久，又“命焦友直括宋秘书省禁书图籍”。待到伯颜入临安，又“遣郎中孟祺籍宋太庙四祖殿，景灵宫礼乐器、册宝暨郊天仪仗，及秘书省、国子监、国史院、学士院图书，太常寺图书祭器乐器等物”（出处同上）。而后将这些东西“由海道舟运至大都”。并接受许衡的建议，“遣使取杭州在官书籍版及江南诸郡书版，立兴文署以掌之”（清钱大昕《补元史艺文志序》）。显示出这时的元朝统治者已摆脱昔日只谙弓马的游猎积习，变得非常重视记载历代兴衰成败得失的文化典籍。依照上述的记载，《文苑英华》应该包括在猎取之内，运至大都，藏在兴文署。可是现存宋版《文苑英华》中并无元时典藏痕迹。推其原因，盖是现存宋版《文苑英华》既缺卷首，又缺卷尾，而是中间断续的存卷。元时若有官署钤章，或许不在现存的卷帙上，亦未可知。

明洪武元年（1368）八月，“徐达入元都，封府库图籍，守宫门，禁士卒侵暴”（《明史·太祖本纪》二）。《明史·艺文志序》又说：“明太祖定元都，大将军收图籍致之南京。”可知明初元朝大都的府库图籍又运到了南京，宋版《文苑英华》当亦在其中。关于《文苑英华》的信息，在明代一有书目著录，二有藏印透露。书目主要指《文渊阁书目》。明永乐十八年（1420）十一月，迁都北京。《明史·艺文志序》说：“北京既建，诏修撰陈循取(南京)文渊阁书一部至百部，各择其一，得百柜，运致北京。”但那时北京文渊阁尚未建成，从南京运来的图书只得放在左顺门北廊。到明英宗正统时，杨士奇等进奏称从南京运至北京诸书，“今移于文渊阁、东阁，臣等逐一点勘，编成书目，请用宝钤识，永久藏弆”（《明史·艺文志序》）。杨士奇所说的书目，就是《文渊阁书目》。该书目的卷九文集百字号第一橱著录有：“《文苑英华》一部一百二十四册，残缺；《文苑英华》一部百册，缺；《文苑英华》一部一十三册，缺；《文苑英华》一部一十五册，缺，塾本无；《文苑英华》一部九十二册，缺。"可知当时北京文渊阁所藏《文苑英华》没有一部是全的。现存宋版《文苑英华》为每十卷一册，该目所著录"一百二十四册"者，可以肯定不是宋版。但不足百册的那几部就难说是不是宋版。不过从这几部书的经历看，若真是元得于宋，运至大都；明又得于元，从北京再运至南京；明北京建成，又从南京运至北京，其中很可能就有宋本《文苑英华》。可惜这些书今已全逸，无法指认孰是孰不是。

清人方中履《古今释疑》卷一载："明秘阁（之书）散于正德中，内库（之书）散于万历末，是又一厄也。"并引证明陆文裕的话说："我朝秘阁多宋元之旧，间有手抄。予初入馆时，见所蓄甚富。若《文苑英华》大书，尚有数部。正德间，梁厚斋在内阁，援用监生入官，始以校正为名，而官书乃大散佚于外。"又引证刘若愚的话说："内府有板之书，藏于内库，板藏于经厂，司礼监提督掌之。万历中多为匠夫、厨役盗出货卖。柘黄之帙，公然罗列于市肆中矣。"这段文字，印证了上述《文渊阁书目》所著录的《文苑英华》大多可信，并且当中必有宋刻《文苑英华》。可惜，早在正德时就开始往出散佚。至万历末年，国势岌岌可危，连匠夫、厨役都敢将内库的"柘黄之帙"盗卖于市肆。确是书之一厄。《文苑英华》乃是宋时黄绫封面，时间一长，黄色发暗，成为柘黄。其时或有盗卖，亦未可知。

现存宋本《文苑英华》又钤有"晋府图书之印""晋府书画之印""敬德堂章""子子孙孙永宝用"等印记，知其曾为明代晋藩的架上之物。晋藩首封为王者是朱棡，朱元璋第三子，洪武三年（1370）受封，十一年（1378）就藩太原。这个人自小学文于宋濂，学书于杜环。修目长髯，性骄横。赴太原就藩的路上就打朱元璋送给他的厨师，遭到乃父的严厉斥责。洪武二十四年（1391），太子巡视陕西回京，朱棡随之来朝，又遭训斥，奉敕回藩。从此折节向善，待下有礼，其后竟以"恭慎"闻名，死谥"恭王"。宣德二年（1427）晋王济熿勾结朱高煦图谋不轨，论死封绝。八年后，即宣德十年，又封朱美圭为晋王，还居太原。正统六年（1441）薨，子钟铉继王位。弘治十五年（1502）薨，知烊继王位，是为端王。《明史》卷一百一十六《诸王传一》谓："知烊七岁而孤，能尽哀，居母丧呕血，芝生寝宫。嘉靖十二年薨。"大概自朱美圭起，晋藩多有以文而知名者。本来是宋代御府收藏的《文苑英华》，到明朝怎么又庋藏于晋藩？这当与明朝的藩王政策有关。

明王朝的确立，是朱元璋及其谋臣武将共同征讨的结果。朱元璋称帝后，对那些有功之臣不能不加封晋爵，以示奖赏。然受赐诸臣，特别是那些战功赫赫的高级将领，很快形成军中贵族，势力逐渐膨胀，直接威胁朱氏皇权的稳固。为此，朱元璋到历史上封藩建屏的武库中去寻求答案，并宴请群臣曰："天下之大，必建藩屏，上卫国家，下安民生。今诸子既长，宜各有封爵，分镇诸国。朕非私其亲，乃遵古先哲王之制，为久安长治之道……先王封建所以庇民，周行之而久远，秦废之而速亡，汉晋以来，莫不皆然……要之，为长久计，莫过于此。"（明夏良胜《中庸衍义》卷十）其实朱元璋讲的这些都是官话，是说给群臣桌面上的道理，而在暗中则包藏不可告人的私心。他暗自认为"非亲子弟不足以镇服而捍外患"（《明史稿·列传三》）。骨肉之亲"较诸将帅，尤可信也"（赵翼《廿二史札记》第470页）。一面冠冕堂皇，一面挟私建藩，梦想以"家天下"的形式实现朱明王朝的长治久安。

朱元璋分封建藩的用心，当时即有人看出了它的弊病："国家裂土分封，使诸王各有分地，以树藩屏，以复古制，盖惩宋元孤立宗室不竞之弊。而秦、晋、燕、齐、梁、楚、吴、蜀诸国，各尽其地而封之；城郭宫室之制，广狭大小亚于天子之都；优之以甲兵卫士之盛，臣恐数世之后尾大不掉。然后削其地而夺之权，则起其怨，如汉之七国、晋之诸王。或则持险争衡，或则拥众入朝，甚则缘间而起，防之无及也……分封逾制，祸患立生，援古证今，昭昭然矣。"（乾隆《御选明臣奏议》卷一叶伯巨《应求直言诏上书》）叶伯巨的直言切谏，不但未能打动朱元璋封王建藩的决心，反而招来杀身之祸，并且促使朱明以《祖训》形式告诫诸臣曰："后世有言更祖制者，以奸臣论。"（《明史·太祖本纪》三）朱元璋杀鸡儆猴，意在平息对他封王建藩的反对声浪，而在内心亦明知叶伯巨所说不无道理，所以对封王诸子又采取另外的措施，以防范出现叶伯巨所预料的负面现象。朱元璋所采取的措施之一，是为所封之王各派高僧大德一名，日随左右，劝善诫杀，借以泯其争权夺利，乃至叛逆谋反的政治野心；措施之二是诸王就藩之国时，又多赐经史典籍及诗文戏曲，鼓励他们精研六经诸史，潜心诗文，修身养性，借以消弭他们争储位、夺皇权的篡位野心。李开先《张小山小令后序》曾说"洪武初年，诸王之国必以词曲一千七百本赐之"，目的是"教导不及，欲以声音感人"。20世纪70年代，山东鲁荒王朱檀墓出土的若干部古书，证实了这一说法。朱元璋驾崩之后，诸藩势力已威胁中央政权，故建文时便接受臣工建议，开始削藩，为燕王朱棣起兵造反提供了口实。待到朱棣称帝后，则从自身的实践经验中深切感悟到藩王的潜在危险，所以严控宗藩，明令藩王"不许擅役一军一民"（《明太宗实录》卷十八）。其后更逐渐形成一整套限制诸藩的政策：不许掌兵；不许出仕；不许参加科举考试；不许随意出城；藩王间不许随意相见；不许同时朝觐；不许从事四民之业。完全改变了朱元璋当时建屏封藩的初衷。而竭力提倡者，就是让他们读经诵史，修德习文，将藩王的思想完全桎梏在修文的范畴之内，将藩王的活动完全限制在狭小的封疆天地之中，只留一条出路，那就是潜心文事，莫问政治。很有可能，宋版《文苑英华》就在这种藩王政策影响之下被赐给了晋藩，希图晋藩各王借助《文苑英华》提高文学修养，所以钤有晋府的印鉴。

明朝灭亡后，晋藩之书当然要收归国有，宋版《文苑英华》亦随之又庋藏于清代的内阁大库。晚清，政治腐败，经济衰微，列强横行。宣统元年（1909）清理内阁大库，得宋版《文苑英华》卷六百零一至七百凡十册百卷，由晚清政府拨交当时刚刚成立的京师图书馆（今中国国家图书馆）庋藏。这是中国国家图书馆典藏宋版《文苑英华》的滥觞。其后，又陆续入藏三册，合为十三册一百三十卷。这三册来自傅增湘、周叔弢和陈清华，而这三人所得则分别与刘启瑞有关。

刘启瑞，字翰臣，号韩斋，江苏扬州宝应人。光绪三十年（1904）恩科三甲第六名进士。先后做过内阁中书及内阁侍读。品位虽不是很高，但有资格入阁看书，又有幸参与内阁大库的图书清理，于是留心古刻旧刊。传说，他每日上朝还无坐轿的资格，只得骑马。但清朝官员的那身官服，骑马实属不便，只好在路上穿便服骑马，官服由家丁用包袱皮包着跟随。到班之后，再脱下便服，换上官服。下班时再脱掉官服换上便服。这么早晚一脱一换，包袱皮派上了用场。传说宋版《文苑英华》的五册零帙就是这么由宫里带出来的。辛亥革命后，刘启瑞赋闲在北京，终日徜徉在自己的藏书堆中。还好，此人并未全形忘本，颜其藏书室曰"食旧德斋"，究竟他食的是什么"旧德"，不得而知。他的藏书享誉京师，光顾有人，为他待价而沽提供了有利条件。据《藏园群书经眼录》卷十七记载，民国九年（1920）四月，傅增湘在刘启瑞家见到了宋版《文苑英华》卷二百五十一至二百六十；二百七十一至二百八十两册二十卷。十年后，也就是民国十九年（1930），傅增湘从颖川陈氏手中购得卷二百五十一至二百六十一册十卷。前此一年，即民国十八年（1929），傅增湘从天津周叔弢处借得宋版《文苑英华》卷二百三十一至二百四十一册十卷。至此，傅增湘已见过二百三十一至二百四十；二百五十一至二百六十；二百七十一至二百八十三册三十卷。其中二百五十一至二百六十一册十卷已归他所有。20世纪还有一位藏书家陈清华，与天津周叔弢藏书方轨并驾，驰名大江以南。他手中亦藏有宋版《文苑英华》两册，卷帙分别为二百零一至二百一十；二百九十一至三百。1955年，陈氏曾将一批善本书出让给当时北京图书馆（今中国国家图书馆），其中卷二百九十一至三百这一册宋版《文苑英华》，亦随之入藏于国图。后来傅增湘所得卷二百五十一至二百六十；周叔弢所藏二百三十一至二百四十两册二十卷亦先后捐给北京图书馆，这样北京图书馆总藏就有了十三册一百三十卷。还有两册二十卷下落不明。

1995年秋季，中国嘉德拍卖公司拍出一册宋版《文苑英华》，结果以120万元人民币的高价，被马来西亚人购得。这一册的卷帙是卷二百零一至二百一十，也出自陈清华之手，后归香港敏求精舍主人王南屏先生，香港中文大学出版社曾借以影印，其上钤有"祁阳陈澄中藏书记"可证。又有傅增湘亲笔题记，证明傅氏当年也见过。傅增湘《藏园群书题记》卷十八《校本文苑英华跋》中说："其后数年之中，又得见宋刊残本四帙，余幸分得一帙十卷"，加上被马来西亚人拍得的这一帙，正好是见到过四帙。

还有一帙，笔者几十年来舟楫南北，车走东西，苦索冥求，终无信息。1996年4月，赴台湾参加两岸古籍整理学术研讨会。轮到我演讲时，主持人换上了台北"中央研究院"黄彰健院士，我深感荣幸，亦借此结识了黄先生。会间，尝访问参观"中研院"，于史语所陈列室的说明书中，见其印有宋版《文苑英华》图版。回京后曾用放大镜反复审视，均看不清其上的藏印和卷第。不得已，只好致函黄老先生，问询究竟。黄先生十分认真，经过目验查对，于同年5月30日复函于笔者，告知该院所藏宋版《文苑英华》卷帙为二百七十一至二百八十一册十卷，定为宋嘉泰内府刻本，无据。并抄示民国二十八年（1939）傅增湘在此册上的题记。至此，当年刘启瑞从清宫中带出来的五册宋版《文苑英华》，全部找到了下落。有意思的是宣统清理内阁大库时，宋版《文苑英华》存卷六百零一至七百，凡百卷十册，卷第是连续的，而刘翰臣从宫中带出来的五册，卷第是断续的。为什么不带卷帙连续的十册，而只带不连续的卷帙？大概一是连续的十册难以一次携出，二是刘翰臣毕竟是进士文人，不忍再将连续的卷帙人为地拆散，成为历史的罪人。于是便衍化出这么一段历史故事，而且至今还在演绎着。

至此，我们也可以作出一个明确的总结：迄今宋版《文苑英华》天壤间尚存十五册一百五十卷，其中中国国家图书馆收藏十三册，其卷次分别为卷二百三十一至二百四十一册；二百五十一至二百六十一册；二百九十一至三百一册；六百零一至七百十册。二百零一至二百一十一册，1995年之后在马来西亚人手里，后来又出手没有，不得而知；二百七十一至二百八十一册在台湾中研院史语所傅斯年图书馆。

第二节 《文苑英华》的第二次刊行

《文苑英华》从南宋嘉泰四年（1204）第一次雕印，始终孤刻单行。待到其有第二次镌版，那已经是363年后的明代隆庆元年（1567）。

一、《文苑英华》第二次刊行的缘起

明代最早想梓行《文苑英华》并付诸实施的第一人，是胡维新。胡维新，浙江余姚人，嘉靖三十八年（1559）进士，官监察御史，后官参政，以编刻《两京遗编》丛书知名。胡维新的父亲曾抄写过一部《文苑英华》，藏于家中，胡维新自小有机会阅读此书。但由于书中"句有遗妍，篇残故籍""其所未概者多也"（胡维新刻《文苑英华序》），因而促使胡维新很早就想购置一部全书，"梓而传之"，以利读者，但愿望未得实现。嘉靖四十五年（1566），他以御史身份受命巡按福建，赴命前，在武林（杭州）道上邂逅侍御颜冲宇，两人谈文论道，又涉及此事。胡氏说《文苑英华》，宋代曾经有过刻本，但一直藏在御府，不是掌管中秘之书的人不可获见，况且已全部散佚。儒林之家虽传有善本，但因卷帙浩繁，抄录一部非经年累月无以完成，所以清寒之士仍然不可获观。因此，这次巡按福建，实欲将其梓行，可是又怕被那些高调空谈者批评为非先务之急。颜冲宇听后则说，你不要怕，"御史按治，非止贞邪，肃条是任，弘

文阐教，与有责焉。则传兹集而导之士，曷非务之先"（胡维新刻《文苑英华序》）！并且答应刻书之资，"惟听御史檄移给焉"。一席辩白之说，促使胡维新下定决心实施此举。是年六月，胡维新入闽履职，又将此事向福建巡抚涂泽民述说了一遍，进一步得到塗氏的赞同与支持，并率先"捐廪奠费"，因而开始了梓行的准备工作。

涂泽民，字志伊，四川汉州（今广汉）人。嘉靖四十一年进士。初为内黄县知县，累官金都御史，巡抚八闽。嘉靖二十六年（1547），佛郎机货船停泊在福建浯屿、漳泉，并登岸进行贸易。这时巡海使者柯乔发兵攻打夷船，反而造成贩者不止。而御史朱纨则将抓获的90多船贩全部问斩，促使夷船连结为乱。隆庆元年（1567），福建巡抚都御史涂泽民则请开海禁，准予通商，海境反倒安然。胡维新按闽，就在这一年，将欲刻《文苑英华》事告知涂泽民，不仅得到涂氏精神道义上的支持，并"捐廪奠费"，在胡刻《文苑英华》中起到了至为重要的作用。

二、明版《文苑英华》的雕造

明刻《文苑英华》开版之前的纠谬证疑、铨次补缺等工作，由福建布政使司和主管福建刑名按劾的臬司相关人员协助进行；鸠工设计、写样校刻等工作，则由福建总兵戚继光和福州知府胡帛、泉州知府万庆等奏劳。可谓群策群力，几管齐下，所以"不数月，《苑》文刻成"，戚继光派他的副军金科前来告竣。这时的岁次当是隆庆元年（1567）的正月，屈指算来，实际雕印工作不足半年。这里涉及三位与校刻《文苑英华》有关的历史人物：一位是福州知府胡帛，一位是泉州知府万庆，一位是福建总兵戚继光。

胡帛，字子行，四川垫江（今属重庆）人。嘉靖三十五年（1556）进士，尝官福州知府，江西按察副使。其在福州任时，倭寇曾经攻破兴化，窥视福州。胡帛则与三司固守城池，贼不得逞，又占据海州，帛则发船督战，斩获甚众。幕府报功，胡帛名列第一。擢为江西按察司副使。

万庆，字子余，南直隶和州（今安徽和县）人。少颖异不群，弱冠便以文名。嘉靖十九年（1540）就应天乡试，中举。三十八年（1559）登进士第。初授行人，使于楚。不久，升行人司副，擢刑部员外郎，升署郎中，所在有政声。四十四年（1565）任泉州知府。

戚继光，字元敬，号南塘，晚号孟诸，山东登州人。嘉靖间世袭登州卫指挥佥事，升都指挥佥事。御倭有战绩，嘉靖三十四年（1555）擢为浙江参将。治军有方，练兵有法，用兵有谋，戚家军之名大震。平定浙、闽倭患，擢为福建总兵官。隆庆二年（1568）调至蓟州，在镇十六年，整治长城，海上设御，编练车营，掩护步骑，为沿边诸镇之冠。累进左都督。今天旅游到山海关，或登城四望，遥想戚将军当年修城御敌的赫赫战功；或矗立老龙头，远眺水天一色的无边大海，回

戚继光像

首彼时戚家军固守海疆的不朽功勋，怎么会想到他于雕印《文苑英华》也立下了不可泯灭的功绩！

有上述三位手握实权的人物赞襄《文苑英华》的校刻，其在资金投入、物资准备、人力组织、关系协调等诸方面，都有了坚强的保障，所以"不数月"而千卷的《文苑英华》刻成。其书每半叶十一行，行二十二字，白口，四周单边。卷前有福建巡抚蜀汉涂泽民序，又有福建巡按御史姚江胡维新序。书刻于闽中，故序后列有福建各官衔名四十一行。傅增湘《藏园群书题记》卷十八《校本文苑英华跋》，对此事有过精彩的议论，现将有关文字移录于后，以便参考。

"盖刊书之议发于巡按，剞劂之费檄取诸公帑，委福州、泉州二郡守及丞倅、儒学经理其事。时戚南塘少保方以总兵镇闽、浙，相与捐廉课工，以督其成，故亦列名于首焉。""至刻书之役，据胡序言，自嘉靖丙寅六月入闽，始发其议，至于翌年隆庆丁卯正月而藏工，仅阅半载，而绣梓以成，其缮校之勤奋，课工之严急，非恒人所能奏效。盖督抚大吏主持于上，郡邑学校分工于下，而南塘少保更以军法督理而经画之，挟万钧之力以完此冠世之书，故成功如是其伟且捷也。"半年之内，能校刻一部千卷之巨的《文苑英华》，其速度之快就是以今天的眼光来衡量，也算是高速度。什么事情都一样，只要急功近利，一味求快，工作必定草率，质量必定低劣。加之所据底本并非宋刻，而是民间传抄，遗患孔多，讹夺滋深，致使这个版本的《文苑英华》从它诞生那天起，便讹舛丛生，谬种流传。

三、明版《文苑英华》的梓行地

明版《文苑英华》刊印在福建，从来没有人提出过异议。具体刻在福建的什么地方，也从来没有人注意。2009年有一篇署名"书林野鹤"发表的文章，题目是《明隆庆版文苑英华刊行地在建阳书坊考略》，引起了人们的关注。

"书林野鹤"的署名，其作者本人很可能是今福建建阳市书坊乡的某人。书坊乡，即宋元明清以来的福建建阳的崇化里。崇化里有书坊街，离它不远又有麻沙街，在永忠里。这两个地方自宋代以来，书坊林立，竞相刻书，十分兴盛。民国二年（1913），在崇化里成立了书坊乡农会。2009年深秋，笔者曾冒着蒙蒙细雨探访书坊乡，站在书林门前遥想历史上该镇刻书的盛况；身临洗墨池，仿佛仍可听到当年印刷后洗去版上遗墨的潺潺流淌声；伫立同文书院遗址前，凭吊朱熹当年建同文书院，表面是育人教书储书，实则是一家书铺，由朱熹的长子和女婿经营。朱熹虽为理学大家，竭力提倡"去私欲，存公心"，但毕竟也是人，也要生存和生活，所以在崇化里开一家书铺，不叫什么堂、斋、轩、室，而叫同文书院，借以刻书卖书，维持起码的家庭生活。后来书院翻修，朱熹的三传弟子熊禾为之撰写上梁文："儿郎伟，抛梁东，书籍高丽日本通……儿郎伟，抛梁西，斯文一柱与天齐……儿郎伟，抛梁南，郁郁文明圣化覃；儿郎伟，抛梁北，万里车书通上国；儿郎伟，抛梁上，奎壁光中涵万象；儿郎伟，抛梁下，八表皇风陶冶化。"（民国《建阳县志》中的《学校志》）可知，当年同文书院所刻的书，不仅在海内销售无远而不至，甚至漂洋过海，销售到高丽和日本。崇化里刻书既然如此兴盛，刻工便会从四面八方聚集于此，为各家属铺佣工刻书。"书林野鹤"的文章大概就是以此为历史背景撰写出的。

"书林野鹤"的文章称明版《文苑英华》雕印在建阳书坊，依据主要有两条：其一是说参与《文苑英华》刻版的余祜、张兴、北斗、刘友、黄釜、友贵、朱牛、余清、王仁、余五、陆旺、陆奇、叶东、刘寿、余三、叶再兴、余宗等刻工，在此前后都曾参与过建阳书坊的其他书的刻版活动，是活动在建阳地区的刻工，因此推论出《文苑英华》也应雕刻在建阳书坊。其二是说明代福建官府刻书，多委托建阳书坊实施。并举例说明天顺间福建提学游明刻《宋史全文续资治通鉴》，成化十年（1474）福建右副都御史张瑄刻《周礼集说》，成化十六年（1480）福建按察司金事余谅刻《文公家礼仪节》，成化十八年（1482）福建巡抚张世用刻《古文苑》等，都是官府出资委托建阳书坊刻梓的，因此推论胡维新、戚继光隆庆元年开雕《文苑英华》亦"该不会放着（建阳书坊）这一有利条件不用，而集中福、泉刻工赶刻这部为数一千卷的《文苑英华》。要完成这部历史巨著，在当时历史条件下，最好的办法就是官家出钱委派官员付建阳书坊刊行"。

上述说法均属推导性意见，未拿出确凿的证据来证实自己的论断。明版《文苑英华》胡维新序已清楚说明"鸠工厉程，缮书校刻，大将军孟诸戚公及福州太守胡君帛、泉州太守万君庆之奏劳也"。即是说《文苑英华》的版样缮写、文字校勘、栏格界划、镌版刻字、印刷折叶、装订装潢等各项事宜，以及这些工人的管理组织、进度掌握、关系协调等工作，通由戚继光、胡帛、万庆三人负责。由他们负责的《文苑英华》校刻工程，很难想象会交给建阳书坊来完成。由宋至明，建阳崇化、麻沙两镇确是书坊林立，生意兴隆。但嘉靖时麻沙书坊曾遭受一场大火，灾后一片灰烬。后来有所恢复，但毕竟元气大伤。隆庆元年，距火灾不远，麻沙不可能有能力承担《文苑英华》的雕刻任务，剩下的只有崇化书坊。崇化确是书坊林立，但林立正说明多是小作坊，小作坊承担雕印《文苑英华》这样的巨帙，也不可想象。据不完全统计，光参与《文苑英华》雕版镌字的工人，就多达一百四十有奇，仅以其中十几位刻工参与过建阳书坊的刻书活动，就断定此书刻于建阳书坊，显得证据苍白。

《文苑英华》的雕刻，完全有可能是在福州和泉州两地同时进行。福州乃省会之地，福州府的治所亦在福州，在此开雕知府便于就地管理。此地历来人文荟萃，整体文化水准较高。弘治《八闽通志·地理》"入学"类载，宋代兴盛之时，乡里各有社学。至若福州，郡守程师孟则有诗云："学校未尝虚里巷，城里人家半读书。"可知福州在宋代就是有名的文化重镇。泉州，则是著名的海港城市，与海外商贸往来，文化交融，又是泉州府的治所，不但经济发达，刻书业亦历久不衰。雕刻《文苑英华》之役虽由戚继光、胡帛、万庆三人负责，但戚继光是福建总兵官，守护海防、保境安民应该是他的主要职责，校刻《文苑英华》恐怕投入不了多少精力。真正管事的应该就是胡、万二人。胡帛是福州知府，不可能长时间离开职守，跑到建阳书坊去指挥雕印工程。万庆是泉州知府，离建阳更远一些，也不可能跑到建阳书坊指挥雕印工程。只有将一百四十多刻工一分为二，分别在福州和泉州同时进行，他们才得以临近指挥，克期完成。所以一定要说明版《文苑英华》刻在什么地方，完全有可能分别刻在福州和泉州，不太可能在建阳书坊。

至于官府出资委托建阳书坊开雕《文苑英华》的说法，更是个推导之说，不足为凭。遑论建阳书坊有没有那么大的规模、场地，即便硬件具备，光刻工就有一百四十多人，书坊有没有这样的组织、指挥、管理能力，还是个大问题。因此，明版《文苑英华》的版本表述还是提"明隆庆元年胡维新戚继光福建刻本"比较妥帖。这个版本的梓行距今时代较近，流传甚广，《中国古籍善本书目》著录就有61家图书馆收藏，尚不包括港、澳、台，更不包括海外的收藏。到明隆庆六年（1572）、万历六年（1578）、三十六年（1608）三次对此书版片进行修补重印，《中国古籍善本书目》著录的这个递修本《文苑英华》，特别是万历六年和三十六年的递修本，又有25家图书馆收藏，也不包括港、澳、台，更不包括海外的收藏。如果将海内外所有关于此书此本的收藏都计算在内，大约要在百部以上，其流传之广不言而喻。

第五章 《文苑英华》的
几部重要明抄本

《文苑英华》的抄本纷繁复杂，还有的是明刻本的传抄本，无须一一加以阐述。有几部可能来自宋本的明抄本，值得重视。

第一节 所谓影宋抄本的《文苑英华》

莫友芝著、傅增湘订补的《藏园补订邵亭知见传本书目》卷十六载："劳甫平有影宋本，谓明刊不足道。"这话的价值如何，由于没有实际流传，难以证明其是可信还是不可信。劳甫平，即劳权。其弟劳格，字保艾，一字季言。兄弟二人均以髫年治经而补弟子员，但后来皆不事科第，终日丹铅手校，嗜书如命。尤其是劳格，其所"校《元和姓纂》《大唐郊祀录》《北堂书钞》《蔡中郎集》《文苑英华》及唐宋各家文集"，"皆丹黄齐下，密行细书，其引证博而且精"（叶昌炽《藏书纪事诗》卷六）。劳格既校过《文苑英华》，必得依据一个精善的版本当校本，而这个校本说不定就是莫友芝所说的那个"影宋本"。果如是，则在清代中后期世间还曾有过影宋抄本的《文苑英华》，但现在已全无踪迹。笔者深切冀望在全国古籍普查中能有所发现。

李国庆编著《弢翁藏书年谱》民国二十七年（1938）二月条下记载周叔弢"是月，用所藏明影宋钞本《文苑英华》，与傅增湘所藏清顾广圻校宋本《嘉祐集》相易"。又出现了"明影宋抄本《文苑英华》"的提法。周氏此本与莫友芝前述"劳甫平有影宋本"之间有没有联系，是不是一回事，是子虚乌有，还是确有其事，因为无实物可据，难以言状。世界之大，书囊无底，诚盼有那么一天在天壤间的某个角落再现此本。

第二节　皕宋楼所藏旧抄本《文苑英华》

前边谈到皕宋楼曾经有过一部旧抄本《文苑英华》，每卷末有"登仕郎胡柯、乡贡进士彭叔夏校正"衔名；全书卷尾又有"成忠郎、新差充筠州临江巡辖马递铺王思恭点对兼督工"字样；并有权干办府张时举告白。从这些迹象看，这个旧抄本很有可能直接来自宋本，或者说是比较忠实地反映了宋刊本《文苑英华》的基本情况，十分珍贵。只可惜这部与宋本《文苑英华》关系极为密切并能反映宋本精神面貌的旧抄本，与皕宋楼其他珍贵藏书一道，早就漂洋过海，成了日本静嘉堂的架上之物。据严绍璗《日本汉籍善本书录》载，陆氏十万卷楼旧藏此书，今仍在日本静嘉堂文库。卷前有周必大序，又有宋嘉泰四年（1204）张时举照会。卷末有校正人职名及点对兼督工王思恭衔名。

另外，严氏《日本汉籍善本书录》又谓："日本内阁文库亦藏有一部明人仿宋嘉泰年间刊本手写本《文苑英华》一千卷，一百一册。"

同书又载日本大仓文化财团藏有《文苑英华》一千卷，亦"明人仿宋嘉泰年间刊本手写本，共一百一册"。此本近期得以亲见，较之它本，字体端庄，卷前有周必大序，每卷后有校正人职名。蓝格，典型的明代蓝格抄本。

第三节　铁琴铜剑楼所藏旧抄本《文苑英华》

《铁琴铜剑楼藏书目录》卷二十三著录了一部旧抄本《文苑英华》，其叙录云："每卷后有'登仕郎胡柯、乡贡进士彭叔夏校正'一条，卷末有'成忠郎、新差充筠州临江巡辖马递铺王思恭点对兼督工'一条。"这与前述皕宋楼的旧抄本完全相同。所不同者，皕宋楼本在第一千卷的卷末还有一段干办府张时举的照会，瞿本则已付阙如。《铁琴铜剑楼藏书目录》还说"此本为明初人依宋本传录，款式尚仍其旧"。这话十分重要，其一是说此抄本乃明初人传抄，其二是说明初人传抄的底本是宋本，意谓此本乃由宋本所从出，这就不亚于皕宋楼当年卖给日本人的那一部了。瞿目在这一款目最后，又以小字标识："卷首有'曾在李松云处''写经石室''朱十彝尊''锡鬯''沧苇'诸朱记。"其中"曾在李松云处""写经石室"是李尧栋的藏书印。"朱十彝尊""锡鬯"是朱彝尊的藏书印。"沧苇"是季振宜的藏书印。

朱彝尊，字锡鬯，号竹垞，晚号小长芦钓师，又号金风亭长，浙江秀水（今嘉兴）人。康熙十八年（1679）举博学鸿词科，尝充日讲官，知起居注，入值南书房。这个人博览群书，嗜书如命，尤喜稀见难得之书。

既为起居注官，又入值南书房，可以说是终日行走在皇帝的左右，有了入阁看书的资格，于是借此便利，便携带仆从到内廷偷着抄书，结果被发现而遭贬官的处分。朱彝尊是清初有名的文学家兼学者，著作等身，藏书甚富。其《经义考》是我们常用的工具书。瞿氏铁琴铜剑楼所藏旧抄本《文苑英华》有他的藏印，说明此本的流传渊源有自。

季振宜，字诜兮，号沧苇，江苏泰兴人。顺治四年（1647）进士，始授兰溪知县，行取刑部主事，迁户部员外郎、郎中。十五年（1658）考选浙江道御史。与其兄先后都做过谏官，同以高风亮节为人所称道。季振宜极好藏书，所藏宋元版书及影宋抄本甲于大江南北。钱谦益曾以《唐诗纪事》为根据，欲集成唐人一代之诗，盖因年老才动手，事未毕而卒。这部诗稿后来传给了他的族孙钱曾（钱遵王）。季振宜从遵王手里得到这部诗稿时，篇帙已残缺过半，于是重新加以集辑，而成七百十七卷的《全唐诗稿》，遂命书佣缮录正本，并将录正之本赠给了他的朋友顾崧，寄望他能将其付之梨枣，以广其传。不幸，录正之后不久，季振宜便与世长辞，非但付梓成了泡影，连录正之本也被顾崧卖给了崑山徐乾学。康熙二十五年（1686），皇帝下诏访辑四部群书，徐乾学响应号召，便将此录正之《全唐诗稿》孝敬给了康熙皇帝。四十四年康熙南巡，在扬州决定编刻《全唐诗》，随后颁发给曹寅、彭定求、沈三曾等人的《全唐诗稿》，就是季振宜集辑出来的。此部旧抄本《文苑英华》又钤有他的藏书印记，说明此本亦曾是他旧物。

李尧栋，字东采，一字松云，浙江山阴（今绍兴）人。乾隆三十七年（1772）进士，官至湖南巡抚，署云贵总督。少以文学蜚声馆阁中，兼工度曲。守金陵时曾经疏浚莫愁湖，并请诸友人赋棹歌悬之四壁。其家有写十三经室。旧抄本《文苑英华》又经过他的收藏，亦平添佳话。经过如此三位名人递藏的这部旧抄《文苑英华》，不但说明其流传有序，其自身价值亦略见一斑。最后辗转收归铁琴铜剑楼，今藏中国国家图书馆。这个抄本大概是目前国内收藏中最接近宋本的一部。傅增湘当年校勘《文苑英华》，无缘使用这个本子，遗憾。

第四节　天津周叔弢所藏明抄本《文苑英华》

傅增湘当年为校勘《文苑英华》作准备时，曾提到："世好周君叔弢有明抄，其行格与宋刊无异，驰书走讯，慨然见假。嗣知余有志此书，竟割爱相贻。"（傅增湘《藏园群书题记》卷十八《校本文苑英华跋》）表明天津周叔弢亦曾收藏过一部明抄本《文苑英华》，行款字数与宋本相同。对于此本，傅增湘十分看重。他说"较其优良，宜推周本为甲"，原因是此本"行格画一，渊源当出于宋刊"，并且"缮写精严，校字亦至为审慎"。所以在校勘过程中"凡宋本所无者，咸以周本为主"（出处同上）。由此可以知道，周叔弢当年先借后让的这部明抄本《文苑英华》，在傅增湘校勘过程中发挥了关键性的作用。

关于周叔弢收藏明抄本《文苑英华》之事，最早见于民国二十三年（1934）十二月周叔弢致北京琉璃厂书贾王晋卿的几封信。第一函说："仆尚有明抄《文苑英华》六册、《水经》一册，大约亦在文友堂，便中乞为携下为叩。屡次以琐事奉烦，抱歉之至。"（李国庆编著《弢翁藏书年谱》2000年9月黄山书社第1版，民国二十三年事注）接着，因安排有变，又致王晋卿一函，称："仆现在改初九日赴唐山。文友堂各书《水经》一本、《文苑英华》六本、《左传》二本想能携下也。"第三函则称："前有抄本《文苑英华》六册，傅三爷如校毕，请便中带津为荷。"（出处同上）这第三函中说到的"傅三爷"，指的就是傅增湘。表明1934年12月以前，周藏明抄本《文苑英华》已借给傅增湘，否则不会让王晋卿便中带回天津。前引该书民国二十七年（1938）二月，记载周叔弢"用所藏明影宋抄本《文苑英华》，与傅增湘所藏清顾广圻校宋本《嘉祐集》相易"（出处同上，民国二十七年事）。民国二十八年（1939）九月初八，傅增湘题《文苑英华校本书后》，正式谈及周叔弢将明抄本《文苑英华》割爱相让事。看来不是单方的割爱相让，而是彼此交换，互通有无。

周叔弢，原名暹，字叔弢，后以字行。1891年生于安徽建德（今东至）。是上世纪中国著名的爱国藏书家。他藏书固是个人所好，但目的是为了民族和国家。他之于书，特别是难得的宋刻元刊，肯花重金购置，并且呵护有加，但从不束之高阁，秘不示人，而是既成人之美，又成书之美。一生中将自己悉心得到的善本残卷转让给别人或单位，使其珠联璧合，成为完帙的事例，举不胜举。"文革"后期，天津古旧书店得到一册宋嘉定四年（1211）江右计台刻本《春秋繁露》两卷，先生得知后，反复叮嘱该店负责人张振铎，此书不要卖给他人，北京图书馆所藏与此为相同版本，残缺的正是这一册，让给他们可使多年残书成为合璧，既成人之美，也成书之美。那边说妥后，先生则嘱其长子北京大学著名教授周一良先生，致函北京图书馆，告知北图派人前往天津办理手续。当年北图所派丁瑜、李致忠二人，到天津后先去登门拜访周老先生，并表示深深的谢意。然后前往天津古旧书店拜访张振铎，不但顺利得到了此书，还历览该店其他藏书，从此结下了友谊。张先生女儿后来供职天津图书馆古籍部，笔者每次见面都要问候张先生，张先生也在她面前不只一次提到此事。周老先生之所以能将明抄本《文苑英华》先借给傅增湘，后又两书交换，让给傅增湘，正是这种美德的体现。

当然还有一层关系，那就是周、傅两家本来就是世交。周叔弢的祖父周馥与傅增湘的祖父傅诚，过从甚密。傅诚曾进入曾国藩幕府，后又进入左宗棠幕府，并随之远涉关陇，却未得什么恩遇，回来后便由周馥安排在直隶襄理饷事。傅增湘的父亲傅世榕，是位博及群书而不屑举业的人。光绪六年（1880）到天津，又得周馥举荐而供职天津海关。其后在河北诸县任职，到光绪三十四年（1908），傅增湘出任直隶提学使，傅世榕才引退，居天津。傅增湘的胞兄傅增淯，于光绪十八年（1892）与周叔弢父叔周学海、周学铭，及张元济、蔡元培为同榜进士。傅增湘与周馥的四子周学熙交游甚密。周家从周馥起，到周叔弢是第三代；傅家从傅诚起，到傅增湘也是第三代。所以傅增湘说"世好周君叔弢"，确是世交。两家有了这层关系，回过头来再看周叔弢先将明抄本《文苑英华》借给傅增湘，后又知傅氏要校勘此书，故割爱相让，以称其愿，就觉得很自然。这里边既有周叔弢的高风亮节，又有周、傅两家的三代世谊，实为书林佳话。还有一层，就是周、傅二人又同有所好，周氏藏书中而由傅氏进行题跋者不少。如周叔弢民国六年（1917）在北京琉璃厂所得元至正六年（1346）虞氏务本堂刻本《周易程朱传义》，就有傅增湘的题跋："元本《周易程朱传义》及《诗经朱子集传》，旧为沈经笙相国家藏书，壬子夏见之孙伯恒处。余今年与叔弢兄游厂市，重见此书，叔弢出善价得之。初印精美，至可宝爱……此帙流转厂市已五六年，而叔弢独能锐意收之，所谓读书者之藏书与流俗耳食者异矣。假读经月，郑重归之，因题数语，以志钦佩。丁巳闰月二十六日，江安傅增湘识。"这类事例还可以举出若干，他们以书为媒，演绎出许多有趣的书林故事，也进一步加深了他们的友谊。

第五节　国家科学图书馆所藏明抄本《文苑英华》

国家科学图书馆（原中国科学院图书馆）收藏一部明抄本《文苑英华》一千卷，中间只断续残缺八卷，基本完好。这个抄本长期以来未能引起人们的关注，近年有台湾学生为写学位论文来此查阅过此书。

此抄本，每半叶十行，行二十四五字不等，白口，蓝格，左右双边。从行款字数上看，并不与宋刻《文苑英华》相同，或非直接来自宋本。然每卷后均有"登仕郎胡柯、乡贡进士彭叔夏校正"衔名一条；第一千卷卷末亦有"成忠郎、新差充筠州临江军巡辖马递铺王思恭点对兼督工"衔名一条；并亦有干办府张时举的照会，只是个别文字与前引《皕宋楼藏书志》所录略有出入。如陆志"吉州致政周少傅"，此本则作"吉州致仕政周少傅"，显然衍一"仕"字。"选委成忠郎"的"忠"字，此本作"中"，显误。其余全同。表明此本虽未必直接来自宋刻，却仍然保持着宋刻的基本特色，不失其固有的版本价值。

此本各卷有多处校改文字及圈划痕迹，更有所谓方孝孺题跋，称："宋太宗皇帝，以文化成天下，聚名士于朝，修三大书。一曰《太平御览》，一曰《册府元龟》，一曰《文苑英华》，各一千卷。前二书在宋时闽、蜀已刊，惟《文苑英华》未刊，故士大夫家绝无而仅有。今幸得之，盖犹是大内聚翰林学士精加铨择、以类编次之草稿本也。他日当选工镌刻，以公同好，不独一人秘藏已也。洪武庚戌八月方孝孺跋。"

方氏名下钤盖两印：一白文方印，印文为"方孝孺印"，一为阳文方印，印文为"希直"。

方孝孺，字希直，一字希古，号逊志，浙江台州宁海人。自幼聪敏绝伦，双目有神，每日读书，厚可积寸，乡人呼为"小韩子"。长从宋濂游，宋门弟子中无出其右者。孝孺不这么看重文章之事，而以明王道，致太平为己任，世人皆以

国家科学图书馆藏明抄本《文苑英华》

为程、朱复出。洪武十五年（1382）以有人推荐而被召见。朱元璋喜其举止端庄，对皇太子说："此庄士，当老其才。"（《明史·方孝孺传》）洪武二十五年（1392）又被召入京，授汉中府教授。蜀献王闻其贤，聘为世子师。建文帝即位，召为侍讲学士，充《太祖实录》总裁。凡议大政，惠帝常咨之孝孺。乃至临朝奏事，臣僚面议，必命孝孺就扆前批答。所谓

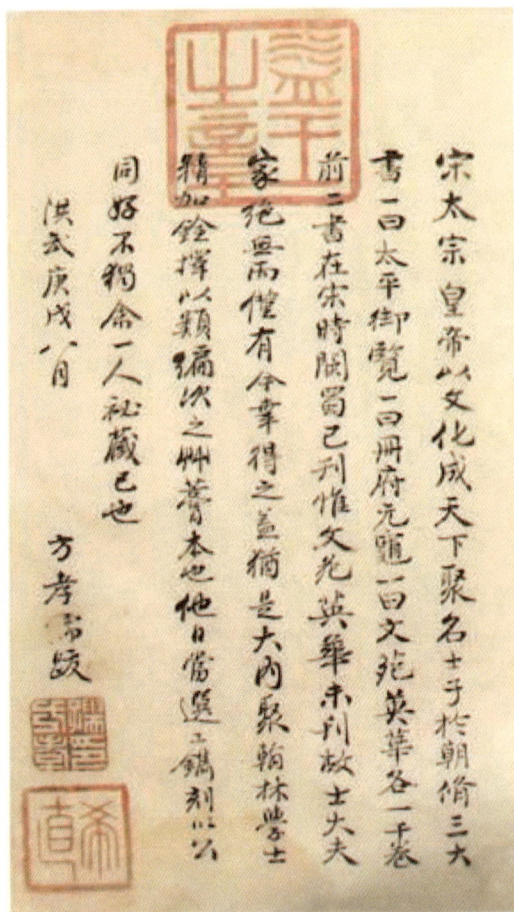

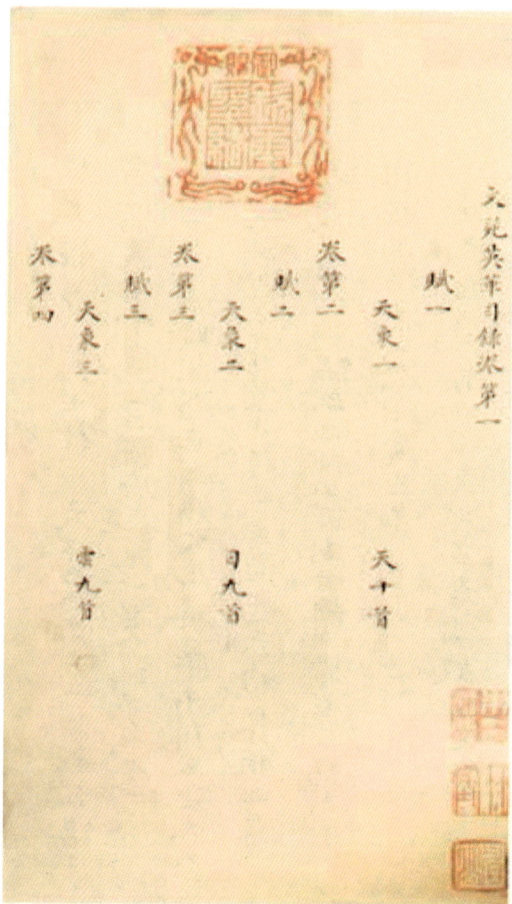

国家科学图书馆藏明抄本《文苑英华》

"宸"者，即指殿中屏风。可知惠帝对他信任有加。待之甚厚。而他对惠帝亦忠贞不贰。燕王朱棣起兵北平，姚广孝曾对他说大军打到南京时，"城下之日，彼必不降，幸勿杀之。杀孝孺，天下读书种子绝矣"（出处同上）。及至攻入南京，召至殿前，孝孺悲恸之声响彻殿陛。成祖朱棣则降榻慰劳，并希望他仿周公辅成王之例，令其起草诏书，诏告天下。孝孺则投笔于地，且哭且骂，曰："死即死耳，诏不可草。"（出处同上）成祖怒，将其斩首于市。妻儿宗族弟子友人连坐而死者873人。孝孺工文章，醇深雄迈，每出一篇，海内争相传诵。但因其不与成祖朱棣合作，灭门九族，所以在永乐中，藏孝孺之文者，罪至死。故其文传世者罕。孝孺善书法，一生所作题跋，多述碑铭法帖。若真是他为此本《文苑英华》写了上述一跋，则此本《文苑英华》的价值当为之陡升。只可惜这篇跋文当为伪造之跋，不可轻信。

之所以说此跋为伪，理由有数端：一是字迹不对。此跋绝不是方孝孺的手笔。方孝孺的字，尤其是他的行草，娴熟有致，结体精严，有章有法，书卷气极浓。此跋之字，笨拙不工，匠气十足，与方孝孺之字不可同日而语。其字既假，其印随之而伪。观其名下的两颗藏章，第一颗白文"方孝孺印"，乃左行右读。古人有这样的印章，但极少。方孝孺是位循规蹈矩、遵章守制，甚至主张恢复井田制度的守旧之人，这样一个人，怎么会有一颗左行的图章？第二颗"希直"二字虽为右行，亦是伪造无疑。

二是跋文内容舛误。开头说宋太宗诏修三大书，"一曰《太平御览》，一曰《册府元龟》，一曰《文苑英华》"。太平兴国诏修的三大书，乃是《太平御览》《太平广记》《文苑英华》《册府元龟》不是太宗时所诏修，而是北宋真宗时所诏修，这是个明显的纰漏。结尾又说此本"犹是大内聚翰林学士，精加铨择、以类编次之草稿本也"。这是一句含糊其辞的说法。什么时候的草稿？是宋太宗修书时的草稿，还是明初大内翰林学士整理时的草稿？囫囵吞枣，模棱两可。这种模棱两可是造伪者故意实施的伎俩，用意是要让人误认此抄本为稿本，而且是"大内聚翰林学士，精加铨择、以类编次之草稿本"，借以抬高此本的价值，以便从中渔利。

三是跋文落款为"洪武庚戌八月"，这也是很大的纰漏。方孝孺生于元至正十七年（1357），从这一年算起，到洪武庚戌即洪武三年（1370），方孝孺虚度不过十四岁。一个十四岁且未经世的孩子，哪里去得这么一部明抄本的《文苑英华》，并许下"他日当选工镌刻，以公同好"的宏愿？方孝孺的父亲方克勤，曾在洪武四年（1371）出任山东济宁知府，视事三年，召民垦荒，一郡饶足。不久为属吏所诬，又受空别案牵连，于洪武九年（1376）下狱死。其时，方孝孺也不过18岁。

四是方孝孺早在洪武三十年就有《逊志斋集》四十卷行世，今《四库全书》本此集仍保留有洪武三十年林右及王绅序可证。方孝孺死后其文虽遭严禁，但其门人王稌却秘藏遗稿，故能在宣德后再度流行。此集卷十八所收皆其跋文，但查遍前后，绝无此篇《文苑英华》的跋文，这又从另一个角度证明此跋为伪。字迹、藏印、内容、年款都有问题，本人文集中又无此一跋，故说此跋乃后人有意伪造，根据是充足的。

此本伪跋上方正中，又钤盖一枚阳文方印，印文为"益王之章"。目录卷端之上正中，亦钤有纹边阴文方印，印文为"钦承圣绪"。这颗印的上端横镌右行阳文二字"御赐"。将这两印结合起来解读，其意就是此本《文苑英华》，乃皇帝御赐给益王府的图书。

考益王，乃明宪宗朱见深所封。宪宗朱见深凡十四子，益端王朱祐槟为张德妃所生，是宪宗第四子，弘治八年（1495）之藩建昌，即今江西南城。《明史》卷一百一十九《诸王传四》谓朱祐槟为"宪宗第六子"。1973年《文物》月刊第三期《江西南城出土益端王圹志》作"王讳右槟，宪宗皇帝第四子"。因知《明史》之误。这位王爷，俭约朴素，巾服可以洗了再穿，穿了再洗。喜素食。爱民重士，无所侵扰。喜欢书法及书法研究。嘉靖十八年（1539）薨，做了四十多年的益王，庙号谥为"端"，故称益端王。死后传位其子朱厚烨，其人亦生性朴素，外物无所好。嘉靖三十年（1551）薨，庙号谥为"庄"。生前无子，传位其弟朱厚炫。此人更加俭朴，并自动辞禄二千石。万历五年（1577）薨，庙号谥伪"恭"。其孙朱翊鈏继承王位。这个人喜交友结客，他爷爷朱厚炫积累的府藏，他全用来招致宾从，不数年挥之殆尽。万历三十一年（1603）薨，庙号谥为

"宣"。其后还有两传，至朱由本，明王朝灭亡，他流窜到福建，不知所终。由上可知，益王之藩始于弘治八年，此本《文苑英华》进入益府当不会早于这一年。明诸子封王之国就藩，除派高僧大德辅佐外，还要赠送书籍，特别是文学类书籍，此例朱元璋时已开其端。朱祐槟封王就藩，宪宗皇帝仍遵祖训御赐抄本《文苑英华》，合乎祖制。但这两颗图章，尤其是"益王之章"，到底是真是假，不好遽断。

总体来看，说此本是大内编次时的稿本，绝不可信。中经益府收藏，亦难全然认可。但它确是一部明抄本，则可信而无疑。这个本子，虽不敢说直接来自宋本，但仍属宋本体系。在现存明抄本中是相对较全的一部。当年傅增湘校勘《文苑英华》未见此本，亦未用此本。台湾学生有利用此本者，不知比勘的结论如何。

第六节　北京大学图书馆所藏《蓬海珠丛》

民国十四年(1925)，傅增湘见到了一部明蓝格抄本《蓬海珠丛》一千卷，存七百四十三卷，一百五十册。每半叶十三行，行二十三字。每卷首尾钤有"捧日楼"朱文大长方印及"子孙永宝"白文大方印。傅氏称此书由"张樾丞自河南收来"，因"见其襃然钜袟"，所录又皆"唐以前文，乃取《文苑英华》核之"，发现"其分卷分类及每类之文与《英华》咸合，即句下注'集作某类''表作某'，或每篇后考订异同无一不合，乃知明人抄取《英华》全袟，改题书名以欺人，亦如《北堂书钞》明人写本改题《古唐类范》之类也。且卷袟残缺甚多，估人乃言世无传本，欲索高价，其情可悯，其妄亦可怪矣"（傅增湘《藏园群书经眼录》卷十七《总集类》）。

傅增湘当年所见的这部《蓬海珠丛》，乃明代书铺子抄书时有意造的假。《文苑英华》之名，多见于书目著录，而各书引用其名者更是屡见不鲜，若仍以其名抄出，众人皆知，部头又大，恐难高价出手。于是挖空心思，改头换面，造出一个《蓬海珠丛》之名，借以欺世牟利。明代，特别是资本主义萌芽之后的明代，书铺子抄书不但常常掐头去尾，大段删削，有时连书名都予换掉，使人见到觉得新奇、稀有，于是不惜重金下手购买，令书贾得手取利。《蓬海珠丛》大概就产生在这种背景之下。至于该书问世后，骗过多少人虽不得而知，但至少到李盛铎还是被收购了。

傅氏当年所见此书，乃"张樾丞自河南收来"。张樾丞何许人？张樾丞是民国时期北京琉璃厂的篆刻名人。他原名福荫，字樾丞，后以字行。清光绪九年（1883）出生在河北省新河县南小寨村。家境虽然清寒，却也读过几年私塾。14岁到北京琉璃厂益源斋刻字铺学徒。那时的学徒要三年零一月才能出师，他在学徒过程中不但要干店里各种杂活，更把全部精力投入到篆刻艺术的钻研和读书长知识上。18岁正式出师，在琉璃厂来薰阁琴书处治印，自定润格。民国初年，在北京西琉璃厂自开一家门面，因家中藏有一件汉代铜鼓，即以"铜鼓"谐取名"同古堂"，专营图章及铜墨盒，同时兼营古籍文玩。他所刻的图章及铜墨盒，刀法遒劲，圆润纯熟，独具神韵，因以"刻铜圣手""天下第一刀"享誉京城。他为梁启超刻的"龙飞虎卧"大印，银钩铁画，乃其代表作之一。其后相继为溥仪、段祺瑞、朱启钤、唐绍仪、吴佩孚、曹汝霖、黄郛、冯玉祥、胡景翼、张宗昌、商震、梁启超、鲁迅等名人都治过印。另外，还为故宫、清华、北平图书馆、北京图书馆等单位刻制过公章或藏书印。

1949年6月，中华人民共和国成立在即，开国之玺的雕制提到议事日程，周恩来将此事交给了全国政协常务委员会副主任陈叔通，陈则将此重任交给副秘书长齐燕铭经办。齐在1945年以前即熟知张樾丞，因此便同时邀请张樾丞、顿立夫、唐醉石、魏长青等交办此事，因其余几人都不会刻制铜印，所以重任便自然落到张樾丞肩上。张接受任务后，既感到无上光荣，也深知责任重大，于是精心设计秦篆、汉篆、隶书、宋体"中

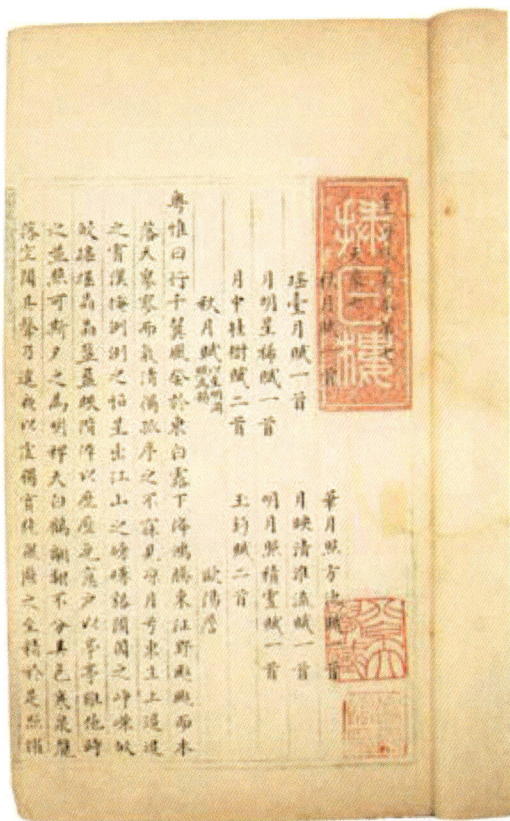

北京大学图书馆藏明抄本《蓬海珠丛》

华人民共和国中央人民政府之印"四种图样呈上。一周之后，齐燕铭来到同古堂，告诉他毛主席亲自选定了宋体字的印样，并由全国政协筹委会正式下达刻制铜印任务。封建社会国玺的刻字向是大篆，此用宋体，这也是尊重人民，让人民能看懂的体现。国家治印，刻者不能留底样，且印之四角不能磨平，正式启用时才能磨平，称为启封。傅氏当年所见之《蓬海珠丛》，就是这位同古堂主人张樾丞从河南收购来的，后来卖给了李盛铎。李氏藏书后来都归了北大，所以此书至今仍藏在北京大学图书馆。

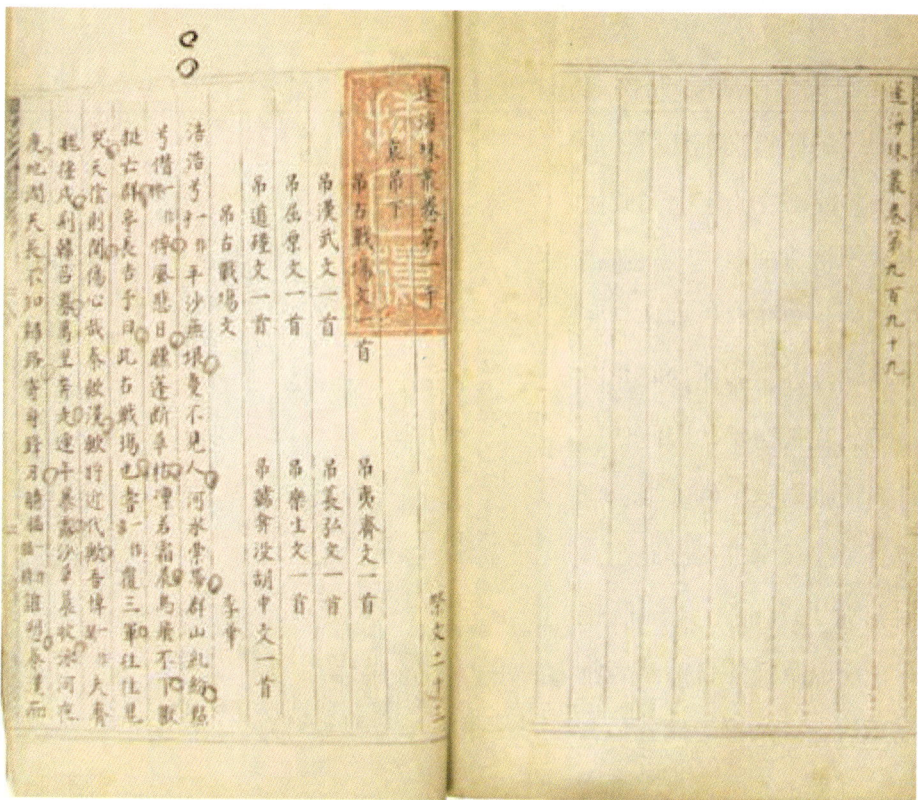

北京大学图书馆藏明抄本《蓬海珠丛》

此书各卷卷端所题书名，其字体与正文风格完全一致，浑然一体；宋刻此书各卷后"登仕郎胡柯、乡贡进士彭叔夏校正"衔题，一律省略；第一千卷卷末题记、告白亦删略无存，表明此书在动笔抄录之前就存心造伪。还好，只是伪造了一个书名，内容并未伤筋动骨，所以识破之后还可以使用。

此书各卷首尾几乎都钤有白文"捧日楼"长方朱印、"子孙永宝"白文方印，进一步使此本变得扑朔迷离。封建社会将帝王比喻为日，"捧日"便成了臣工对皇帝拥戴的一种表述。清孙承泽《庚子销夏记》卷三有一篇《吴匏庵冬日赏菊图》跋,说:"匏庵先生为少詹时,寓居京师之海潮庵。"庵侧则辟园种菊,于弘治二年(1489)十月二十八日,邀集李西涯等名流赏菊,并各赋诗以赞之。"又命杜堇为图,装成一卷……卷藏成国公家,上有'捧日楼''纯忠堂'印。"清张照《石渠宝笈》卷三十二《宋夏珪江山佳胜图》跋,说这幅图"前隔水有'纯忠堂藏''子子孙孙永保'……西涯前有敕赐张氏'捧日楼书画印'一印"明袁中道《珂雪斋集》外集卷十《游居柿录》谓:"今城中龙山书院,即旧日射圃也。江陵公盛时筑捧日楼台,俱取此中土填之,后以射圃为书院时,捧日楼久折去,夷为废地,乃复取此土,填其沟渠,筑书院,基土仍还故处,亦异事也。"明张大复《闻雁斋笔谈》卷一载陈立川"尝代人作《捧日楼赋》献江陵张文忠公,公一见嗟异"。所有这些记载,从不同角度证明"捧日楼"乃张居正家的楼,"捧日楼"印乃张居正的收藏印。此本《蓬海珠丛》所钤此印,显然是想借重张居正的大名以抬高身价。张居正乃中国明代历史上了不得的人物,有他的藏印,显然会给此书增加一层伪装的色彩。但此印大概是颗假印,书贾想拉大旗作虎皮,包着自己,蒙骗别人。但这一骗,恰也暴露出此书之传抄不会早于明代万历元年(1573)至十年(1582),早于这十年,张居正还没有飞黄腾达,还借不上张居正的劲儿;但亦不会晚于万历十二年(1584),晚于这一年,张居正家已被查抄,声名狼藉,躲还躲不过来,还谈什么借重捧日楼印!

张居正,字叔大,江陵(今属湖北)人。嘉靖二十六年(1547)进士,改庶吉士。其人"顾面秀眉目,发长至腹。勇敢任事,豪杰自许"。为政"以尊主权、课吏职、信赏罚、一号令为主"(《明史·张居正传》）。执政十年，对明王朝的政治体制和经济体制进行了大胆的改革。他的改革从涉及百姓疾苦的递驿弊政开始，势如破竹，摧枯拉朽。一扫各级官吏及其眷亲利用权势套取"勘合"（驰驿印信），在各地驿站颐指气使，勒索民脂民膏的积弊。又以理财监察为中心，整饬吏治。推行以言核事，以事核效的"考成法"，大大提高了政权机构的运行效率。大力推行"一条鞭法"，整饬经济，实施厚商利农的大政方针。同时丈量全国土地，兴修水利，推行治河疏淮系统工程，使多年弃地转为农桑。经过十年不懈的努力，使混乱衰败的明王朝，变得"帑藏充盈"，"岁入白银达四百万两"，"太仓积粟可支数年"。为表彰他的功绩，万历五年（1577）特诏赐银一千两，资助张家在荆州城东门内修建府邸。府前当街是一座高大巍峨的石牌坊，敕赐"帝赍良弼"四个大字高悬横额。"纯忠堂""捧日楼"交相映衬，蔚为壮观。府成之日，皇帝又御书"志秉纯忠气垂之万世；功昭捧日休光播万年"对联相赠。万历九年（1581），又晋张居正为太师兼太子太师，加封太傅衔，支伯爵禄。万历十年（1582）六月，张居正病逝，万历皇帝亲为其加谥"文忠"，派太仆寺卿等官员护丧回籍，葬于规模宏大、气象辉煌的墓园。张居正精于谋国，却拙于谋身，他死的第二年，尸骨未寒，便遭到了御史羊可立等人的参劾。万历十二年（1584），皇帝派太监等有关人员前往荆州抄没其家，成为罪人。座上宾与阶下囚的转换，就在刹那之间。此书若真经这位炙手可热、名重一时的张居正收藏，其品位会鱼跃龙门，身价十倍。只可惜此印为假，不可信以为真。

首先，此书在抄写之前已蓄意造假，为不使世人所熟知，竟敢将《文苑英华》之名改成《蓬海珠丛》，以示绝无仅有，世所罕传。古书造伪，常常是几种手段同时并施，如果只以《蓬海珠丛》之名欺世，生怕被人从内容上识破马脚，因此再伪刻"捧日楼"图章，钤盖其上，以便借重张居正之名增强它的可信度，实现欺世牟利的目的。

其次，此图章呈长方形，"捧日楼"三字篆刻阴文，这里面包含着造伪者的良苦用心。长方形极易将伪造的书名全形盖住，加上字为阴刻，钤盖上去之后朱色印泥刚好将《蓬海珠丛》之名若明若暗地掩住，而让人们清晰看到的则是"捧日楼"三个阴文白字。目的是不使自己伪造的书名那么清晰可见，而是令其在若隐若现之中浑水摸鱼，蒙混过关。

古人藏书钤盖图章，虽不能说有什么严格的定式，但也有约定俗成的规矩。通常多以得书先后为序，最先得者，多将自己的藏书印鉴钤盖在各卷卷端右下角，次得者接着往上盖，再次得者，继续往上钤盖。皇帝御玺、亲王之章，多盖在卷端首叶骑上栏正中的位置，没见过钤盖在各卷书名之上者。此书的"捧日楼"印，全部盖在书名之上，极为反常。

此书没有任何其他藏印，以张居正的学识地位、文化素养，不能不懂钤印的规矩。若是书上的钤章已琳琅满目，自己得书之后钤章已无适当位置，钤在不当之处，情有可原。此书没有其他藏印，为什么非要将"捧日楼"长方大印盖在书名之上？不符合人之常情。

前引清孙承泽《庚子销夏记》卷三《吴匏庵冬日赏菊图》跋称"上有'捧日楼''纯忠堂'印"。清张照等《石渠宝笈》卷三十二《宋夏珪江山佳胜图》跋称"前隔水有'纯忠堂藏''子子孙孙永保'……西涯前有敕赐张氏'捧日楼书画印'"。但印的形状、大小、字体、阴刻、阳刻、印泥成色等，都未见实物或真迹，无以取之与此书之印相比较，但愿有一天张印迭出，此书所钤之印则真伪立现。

第六章　傅增湘校本《文苑英华》

《文苑英华》成书后有两次有效的校理，一次是南宋周必大退休致仕后在家乡吉州组织彭叔夏、胡柯等人进行的校理，成果是校理后使《文苑英华》第一次得以雕版印行。从周必大到傅增湘，中经730余年，虽也有人进行过校勘，但都不全面，且未形成较大的影响。直到民国二十五年（1936）傅增湘再次丹黄手校，才又产生较大的影响，并于2006年由北京图书馆出版社将傅校本《文苑英华》影印出版。

第一节　傅增湘与傅校《文苑英华》的缘起

傅增湘(1872—1949)字润沅、沅叔，别署双鉴楼主人、藏园居士，四川江安人。清光绪二十四年（1898）进士，选为庶吉士。民国六年（1917）出任北洋政府教育总长。1919年五四运动爆发，北洋政府欲追究北京大学校长蔡元培策动包庇之责，傅增湘极力加以抵制，以保护师生。后迫于形势，不得不辞去教育总长之职。从此，承传祖业，继续搜藏古籍图书，并丹黄手校，致力于版本目录学研究。余嘉锡《藏园群书题记序》云："江安傅先生挂冠以后，定居北平，闭户不交人事。"并说他取苏东坡"万人如海一身藏"句意，颜之曰"藏园"。有说他"暇时辄取新旧刻本躬自校雠，丹黄不去手，矻矻穷日夜不休。凡所校都一万数千余卷"，七百九十七种。可知校书已成为傅氏的人生嗜好。之所以敢以校理巨制《文苑英华》为己任，与他这种志趣与爱好是分不开的。

傅增湘像

傅增湘发奋校理《文苑英华》，缘是明隆庆元年胡维新所刻是书"杀青仓卒，遗类孔多""讹夺滋深，莫从是正""往往览未终篇，榛芜触目"（傅增湘《藏园群书题记》卷十八《校本文苑英华跋》）。这是傅增湘下决心校理胡刻《文苑英华》的动因之一。

傅增湘自少年时即酷好唐人诗文，而集辑唐代诗文之《芳林要览》《碧玉芳林》《文馆词林》等总集之书，又皆湮而不传，使人无从得窥唐代文学的全貌。《文苑英华》恰以收录唐代诗文为主，对于昭明《文选》来说又确有承上启下功能的鸿篇巨制，所以傅增湘说它是"一代词翰之渊薮""百家文集之总龟"。这样一部自小就酷好的大书，居然没有善本可读，因而促使这位本来就有校书嗜好的傅老先生花大力气加以全面校理，就显得十分自然。"余遂窃有勘定此书之志矣"（傅增湘《校本文苑英华跋》），一语道出了他校理《文苑英华》的缘起。

第二节　傅校《文苑英华》的前期准备

　　既生校理《文苑英华》之志，就要作必要的前期准备，诸如校勘所用的工作底本，校勘所用的主校本、参校本等，都要在事先做全面系统的研究，然后再逐一搜求必需的各个版本。

　　傅增湘在立志校理《文苑英华》之前，自己便收藏了一部明隆庆元年胡维新刻隆庆六年、万历六年、万历三十三年递修的《文苑英华》，待到校本准备大体就绪时，忽觉此本"晚印，半涉模糊，补镌更多讹误"，不惬于怀，不适宜作校勘底本。此时正遇北京琉璃厂邃雅斋新收进一批杭州王氏藏书，其中就有一部隆庆刻"新开初印本"《文苑英华》，"楮墨精丽，触手如新"，因斥五百重金，购置在手，"用储为手校之底本"（引文见傅增湘《藏园群书经眼录》卷十八《校本文苑英华跋》）。因知傅校《文苑英华》的工作底本，乃明隆庆元年胡维新福建刻本的初印本。这是有见地的选择，也是有校理群书经验的体现。凡对古籍进行校勘整理，工作底本的选择十分重要。选择得当，校理会事半功倍；反之，底本模糊不清，错误百出，衍文脱文触目皆是，校理者花费极大的气力，也会事倍功半，且难以整理出明晰的校勘记。傅增湘之所以不吝重金再买一部胡刻《文苑英华》，目的就是要使校理工作取得事半功倍之效。

　　校勘工作底本选定准备好之后，就要甄选主校本和参校本。清宣统初元，傅增湘于北京琉璃厂会经堂见到一部清康熙时何焯何义门校本《文苑英华》，喜出望外，但由于悬价太高，一时无力索购，失之交臂，后来"为刘仲鲁前辈所得"。刘仲鲁为谁，刘仲鲁名若曾，字仲鲁，号沂庵，直隶盐山（今属河北）人。光绪十五年（1889）进士，授编修。尝充会试同考官，河南主考官。宣统三年（1911）由大理寺少卿转任修订法律大臣。较傅增湘登进士第早九年，所以傅氏称他为前辈。何义门是康熙时的名家，经他所校的《文苑英华》自是惹人瞩目，可是自己又未买成，故只好从刘仲鲁处借而观览。结果发现，何氏也只不过以他所能见到的唐人别集，对校《文苑英华》的相应诗文，"非别据旧本以正全书也"，遂放弃此书，未列入傅校《文苑英华》的参校本，更未成为主校本。

辛亥革命以后，傅增湘又在厂肆广泛搜集明抄本《文苑英华》，先后购得百册左右，而后自己动手加以拼配，得八百三十卷，他自己称为明抄百衲本《文苑英华》。其后不久，又在京师图书馆目睹宋版《文苑英华》十册一百卷，即前边所说原内阁大库旧物而移储京师图书馆者。于是竭月余之力，将文字异同、衍夺之句、讹误之字一一校录在他所预备的底本之上。这是傅校《文苑英华》最早的开端。

民国十九年庚午（1930），傅增湘在北京琉璃厂文友堂又见到一部范履平过录叶石君校本的《文苑英华》，其书"丹黄烂然，前后精谨不懈，因以重金购归"（出处同前）。这里既提到了叶石君，也提到了范履平。叶石君名树莲，字石君，晚明人，世居江苏吴县（今苏州）洞庭山。嗜书成癖，常游虞山（今常熟），乐其山水，便将家安在了这个地方。这个地方人文荟萃，藏书家辈出，这位叶石君就常以衣食之资购书，故其书多至数千卷，且精于雠校。清人劳必达所修《昭文县志》卷九说："书经石君手，人争宝之。"明亡，其书毁于兵火，独身又回到苏州洞庭山。待到乱后，又回到虞山，还是买书藏书。傅增湘在文友堂所见范履平过录的这部校本《文苑英华》，便出自这位叶石君之手。这部过录的校本《文苑英华》，当年有一位程姓安徽人出游虞山（常熟），书贾曾持之和《太平广记》一道向其求售，程氏仅收得《太平广记》一种，而《文苑英华》则由虞山归氏所得。程氏则心存不舍，乃别购明刻《文苑英华》一部，从归氏手中假借叶石君校本，嘱托范履平将叶氏校语移录过来。此即傅增湘于民国十九年庚午在文友堂所见之本。范履平名坦，字履平，康熙时人。傅增湘在其《藏园群书题记》卷十八《校本文苑英华跋》中尝说："庚午岁（民国十九年，1930），见一校本于文友书坊，为康熙时范氏吕平从叶石君校本移录者。"然到庚辰，即民国二十九年（1940）写《范履平临叶石君校本文苑英华跋》时，则又说："适闻文友堂书坊收得校本一部，乃商之书坊主人魏经腴长期假我，为校勘时核对之资，先后置余几案者三年，昨岁七月校定之功告成，乃举以返之。"到底是买的还是借的，前后说法不一。这是一段书林故事的插曲，但插曲背后却留给后人一段说不清道不明的疑虑。不过，从傅氏对此本的评价看，当是长期假借，而不是重金购归。因为这个校本既未成为傅校《文苑英华》时的主校本，也未成为参校本，而只是作为核校时的参考本。

庚午之后，傅氏又陆续得见宋版《文苑英华》四册四十卷，并且购得其中的一册十卷。此事在前边宋本《文苑英华》的流传中已经讲过，此不赘述。至此，作为主校本的宋版《文苑英华》，傅增湘已见过并用来加以校勘者，凡十四册一百四十卷。周叔弢所藏行格与宋本无异的明抄本，也先借后让给了傅增湘。至此，傅氏校理《文苑英华》的准备工作已大体就绪。

现在我们回过头来归纳一下，傅增湘为校理《文苑英华》，本来已购置了一部明刻递修本，但嫌其递修模糊，又专门买了一部隆庆初刻初印本，以为校勘的工作底本。校本则是先买了明抄本百册，然后自己拼配，成一明抄百衲本；而后又先借后得周君叔弢所藏的明抄本；再长期借用文友堂所藏范履平过录叶石君校本；至若宋本，则一靠当时的京师图书馆，二靠自己所经见。所以傅氏在《校本文苑英华跋》中说："由是，篋中有钞本二，校本一，傅校宋本百许卷，固已踌躇满志矣。"意思是说《文苑英华》校理的前期准备工作已基本停当惬意。

第三节　傅校《文苑英华》的过程

一切准备工作就绪之后，民国二十五年丙子（1936）九月底，傅增湘推掉一切杂务，肆力校理此书。开始，计划每日校理三卷，一年则可以竟其功。但由于人、事牵累，实际做起来只能是时作时辍。加上傅氏每当春秋风光胜日，例有北马南船、外出游山玩水的雅兴，并且是一出便经旬累月，耽搁校理计划。所以到第二年丁丑（民国二十六年，1937）年末，也就是过了一年零三个月之后，才校完五十六卷，只完成计划的二十分之一多一点。这使傅氏很懊恼，很不畅快。因此于民国二十七年戊寅（1938）正月灯节过后，又锐意奋起，日以校书二卷为额，重启《文苑英华》的校理工作。"或偶有参差，则以时之闲冗为卷之盈缩"，白天作不满，便延至深夜。人、事拖累，便避之别舍。乃至客至而忘以礼迎，饭至而专注忘食。到这一年的十一月，校完六百余卷，傅氏也还基本满意。然据傅增湘《校本文苑英华跋》称，正在其全身心投入《文苑英华》校理之际，"适以纂修《绥远通志》，暂辍此功"。

所谓因《绥远通志》编纂而暂辍《文苑英华》的校理，又是一段有意思的插曲。明代万历三年（1575）今呼和浩特市建成，明廷赐名"归化城"。清代乾隆四年（1739），政府又在归化城东北五里修建了一座八旗军队的驻防城，赐名"绥远城"，隶属于山西。民国初年，北洋政府将归化、绥远两城合并，改称为"归绥县"。1914年，袁世凯又将绥远从山西分出，建立绥远特别区。1928年国民政府又将绥远特别区改称绥远省。至今我们到呼市，仍能在街头巷尾听到很多人说的是山西话，这既有山西人走西口经商或移民的历史原因，也与绥远在前清归山西管辖有关系。民国十九年（1930），遵照南京中央政府内政部颁发的《修志事例概要》，绥远省政府主席李培基开始筹建编写《绥远通志》的机构——绥远通志编修馆，并聘请绥远的大学问家郭象伋为馆长。第二年，绥远通志馆正式开馆，同时组织力量到全国各地搜集资料，到省内各地进行实地调研考察，因而积累了大量的素材。民国二十五年（1936）春天，初稿即将完成。为保证书稿的质量，提高编纂水平，馆长郭象伋带着省主席傅作义的亲笔信，前往北平登门特聘傅增湘担任《绥远通志》的总纂，笔酬一万块大洋，傅增湘欣然应聘。这一年的冬天，400万字的《绥远通志》初稿杀青。民国二十六年（1937），通志稿的修改加工工作随着傅增湘的投入而改在北平进行。可惜，当年七月七日，日军在北京卢沟桥发动事变，中国人民的抗日战争全面爆发，傅增湘校改修订《绥远通志稿》的工作也被迫中止，稿子被他收藏了起来。1938年，日人黑泽隆世来华，专程访问傅增湘，要求他继续完成《绥远通志稿》的纂修任务，傅增湘不得已，才又组织力量于1939年秋天重整《绥远通志稿》，半年之内完成了修订任务。这就是上述傅增湘所说《文苑英华》校理工作正在如火如荼时，"适以纂修《绥远通志》，暂辍此功"的由来。但上述传说的时间与受聘修纂《绥

远通志》相差一年，这可能与傅氏《校本文苑英华跋》乃民国二十八年
（1939）追写有关。

傅增湘因答应出任《绥远通志》总纂而中辍的《文苑英华》校勘工
作，于民国二十八年己卯（1939）正月重新启动。正如傅增湘在《校本文
苑英华跋》中所说："今岁正月之杪，重理日课。逾春涉夏，昕夕靡遑，
至七月十九日，幸而获竟全功。此九百四十余卷，历时四百有五十日。"
从1936年9月始功，至1939年7月蒇事，前后经历了4个年头，傅氏以坚强
的毅力，完成了《文苑英华》的全面校理任务，在中国文献文化史上写下
了浓重的一笔。

第四节　傅校《文苑英华》的学术价值

傅增湘校理《文苑英华》为后世古籍整理树立了楷模风范。第一，对
自己所备的各个校本有较深入的研究，故能根据它们自身所拥有的校勘价
值依次加以使用，以求最佳的校理效果。傅氏在其《校本文苑英华跋》中
说："宋本佳胜，无待繁言，馆藏（指京师图书馆所藏）之一百卷，为
六百一至七百，首尾衔接，次第井然。"表、状、书、疏等部分，全靠
这一百卷得以校正。其余四十卷，所收多是诗篇，其中卷二百六十一至
二百七十已为自己所有，自可随时用以校勘。另外三十卷，也先后借得，
校录在自己的工作底本之上。至若所备抄本，则亦"较其优良"而推"周
本（指周叔弢所赠之明抄本）为甲"，原因是此本"行格画一，渊源当出
于宋刊"，并且"缮写精严，校字亦至为审慎"，所以在校勘过程中"凡

宋本所无者，咸以周本为主"。如果遇到疑滞，则用它自己所拼配的百衲抄本，而后再用范履平过录叶石君校本补证。如果遇到周本、百衲本皆缺，则用范氏过录本。层次井然，主校、参校交替使用，相互补充，相互印证，故得到了极好的校理效果。

傅氏校理《文苑英华》，不是简单的校正文字异同，而是进行了比较全面的校勘梳理。此在傅氏《藏园群书题记》卷十八《校本文苑英华跋》中归纳得十分清晰：

一是处理异字。对明刻本《文苑英华》中文本非误而义可两存者，傅增湘在校理过程中则在相应文句之下注明"一作某"或"某作某""某书作某"，令人一目了然。

二是处理疑字。对明刻本《文苑英华》中因形声相近而造成的可疑之字，明抄本常于字下旁注"疑"字或"疑作某字"，而到明朝重刻此书时竟轻率将之删改，失其本真，傅校时则一准原式予以更正增补。

三是校正脱讹。对于明刻本《文苑英华》，无论是古人校勘造成，还是写样者误写、梓行时误刻，凡在文字上有讹脱者，傅增湘在校理过程中均在行间一一列出。而对于文字点画稍有差异者，则直接涂改。对于文字小有差别，或者字同而体异者，则不予纠正。

四是补校脱句脱行。明刻本《文苑英华》的脱句、脱行不胜枚举。校正单辞只字，本已烦人。片语长言，少者数句，多者连行全脱，校补十分麻烦。傅氏在校理过程中，补正这类脱文脱句在十数字以上者，达40多处。

五是校补注文。如王贞白《御沟水》诗注引《郡阁雅言》以昭明本事，其文多至百字；《校李继密山南西道节度使》、李商隐《为濮阳公陈情表》等，皆有注文数十言，隆庆元年刻此书时全部删削，远失原貌，傅增湘校理时皆依抄本补出，恢复原样。

六是梳理错简。《文苑英华》卷四百三十二太和七年《册皇太子德音》、卷四百八十三李玄成《贤良策》等，都有文义颠倒，念不成句的地方。傅增湘校以明抄旧本发现乃由错简所误致，于是动手予以纠正，恢复旧观。

七是校补脱篇。明刻《文苑英华》卷四百一十六《建平公主册文》全篇脱去；卷一百五十八杜甫《九日登梓州城》一首，卷一百九十八柳恽《关山道》、沈佺期《关山月》、庾信《出自蓟北门行》各一首；卷二百七十刘长卿《送皇甫曾赴上都》一首等，皆全篇脱去，傅增湘皆以校本补出，恢复旧第。

八是校补脱叶。明刻《文苑英华》致有全叶皆脱且误接他文者，如卷六百六十七于志宁《谏太子承乾引突厥达哥支入宫书》，只存"臣闻上天盖高"至"人有怨嗟"一段文字，其下"愿崇儒敬业，访道稽疑"至"乞降储明，俯矜狂瞽"226字全脱。而后将唐代姚珽四篇《上节愍太子书》续刻在该文之后，令姚文归属于于志宁名下，造成极大的混乱。而傅增湘所据校的周叔弢贻赠之明抄本、自己拼配的明抄百衲本、范履平过录的叶石君校本，都没有这篇东西，一时令傅氏大费踌躇。幸好存世宋本此卷适存，傅氏则影摹宋刻将其校补上去，再现了宋本旧观。

九是增补校记。南宋周必大、胡柯、彭叔夏等校刻《文苑英华》时，字有相异则分别随文注出；更有考证辨明之处，则撮其校语，缀于本篇之末；而于殊文旁证则分别列于卷尾。明胡维新等重刻此书时，为了图快，则多将此类校文删削，失其旧第。傅氏校理此书时则多依校本增补，多者每卷竟补出二三百字。

十是校补撰人。《文苑英华》纂修时，对所选同一人同类作品，只在第一篇选文题目之下标注作者姓名，其下之诗文则不再重注全名，而只注"前人"二字，以示此文属于前边之同一作者。南宋周必大等校刻《文苑英华》时沿用了此种体例，眉目清晰，归属不乱。而到明代胡维新等重刊此书时，于题下常失注作者之名，造成连篇类载之文不知归属，或甲撰而属之乙，或乙撰而属之甲，酿成新的混乱。傅氏校理此书时，悉为补正。

上述诸端还只就书内披章检句所得到的校理成果，而于文字之外仍有数端可以施校，如宋刻《文苑英华》常有墨笔连行者，而明刊则连刻不空，令人无从知晓此处原有等刻的墨钉；原本本有脱文夺句，而明刊本则误刻连接，令人无法读通其义；明刻《文苑英华》有表示脱文的空格，而校以明抄，则空格多寡不符，令人无从是正；原本提行别起，明刻本误为直下连属，弄得段落不清，层次不明等，傅增湘在校理过程中都能取证诸本，予以校正。故傅氏所校《文苑英华》虽不敢说榛芜尽扫，一如宋版，但就其所下的工夫，所取得的成果，则自南宋周必大、胡柯、彭叔夏已降，是无人可以与之比肩的。如果将周必大校刻《文苑英华》视为第一大功臣，傅增湘则不啻是校刻《文苑英华》的第二大功臣。傅校本《文苑英华》今即收藏在中国国家图书馆，并于2006年6月由北京图书馆出版社正式影印出版，学界完全可以自由享用这笔丰厚的学术成果。而在享用这笔学术财富的同时，也应该由衷地感谢这位前辈通人。

国家图书馆出版社简介

国家图书馆出版社，原名书目文献出版社，1979年成立。1996年更名为北京图书馆出版社，2008年改为现名。

本社是文化部主管、国家图书馆主办的中央级出版社。2009年8月新闻出版总署首次经营性图书出版单位等级评估定为一级出版社，并授予"全国百佳图书出版单位"称号。

建社三十年来，通过与各图书馆密切合作，形成了两大专业出版特色：一是整理影印中文古籍等各种稀见历史文献；二是编辑出版图书馆学和信息管理科学著译作，出版各种书目索引等中文工具书。此外还编辑出版各种文史著作和传统文化普及读物。